# NOSSA OPÇÃO RELIGIOSA

## 9º ANO

## PROFESSOR

MARIA INÊS CARNIATO

# NOSSA OPÇÃO RELIGIOSA

## 9º ANO
## PROFESSOR

EDIÇÃO REVISTA E AMPLIADA

Paulinas

**Dados Internacionais de Catalogação na Publicação (CIP)**
**(Câmara Brasileira do Livro, SP, Brasil)**

Carniato, Maria Inês
Nossa opção religiosa : 9º ano, professor / Maria Inês Carniato. – São Paulo : Paulinas, 2010. – (Coleção ensino religioso fundamental)

ISBN 978-85-356-2547-9

1. Educação religiosa (Ensino fundamental) I. Título. II. Série.

10-00007 CDD-372.84

**Índice para catálogo sistemático:**
1. Educação religiosa : Ensino fundamental 372.84

1ª edição – 2010
2ª reimpressão – 2020

Direção-geral: Flávia Reginatto
Editora responsável: Luzia M. de Oliveira Sena
Assistente de edição: Andréia Schweitzer
Copidesque: Maria Goretti de Oliveira
Coordenação de revisão: Marina Mendonça
Revisão: Ruth Mitzuie Kluska
Direção de arte: Irma Cipriani
Gerente de produção: Felício Calegaro Neto
Projeto gráfico: Telma Custódio

**Créditos das imagens**

© Paulinas Editora
pp. 19, 30, 31, 39, 67: Arquivo Paulinas

© Família Cristã
p. 15: Arquivo *Família Cristã*; p. 35: Andréa Sales; p. 46: Marcelo Rudini; p. 57: Romanini; p. 61: Alfredo Castro; p. 71: Luciano Alves

© Editora Mundo e Missão
pp. 18, 22, 51

© Stock.XCHNG
capa, pp. 13, 14, 23, 27, 29, 33, 34, 38, 41, 42, 45, 49, 50, 53, 54, 58, 60, 62, 64, 66, 70, 74, 75, 78

© Wikimedia Commons
p. 26: Sacca



**Paulinas**
Rua Dona Inácia Uchoa, 62
04110-020 – São Paulo – SP (Brasil)
Tel.: (11) 2125-3500
http://www.paulinas.com.br – editora@paulinas.com.br
Telemarketing e SAC: 0800-7010081

# Convite a quem ama a educação

Você, professora/professor, que dedica suas energias, conhecimentos e tempo à grandiosa profissão de educar, com certeza deseja o melhor para seus alunos.

A escola forma o ser humano como cidadão consciente, crítico, participante e responsável, mas também como pessoa única, situada no mistério da abertura à transcendência, que se manifesta nos sinais do sagrado presentes na diversidade cultural e religiosa.

O componente curricular Ensino Religioso não é proposta de fé, mas, sim, conhecimento e apropriação de novos saberes acerca de dados reais presentes na sociedade. Proporciona a queda de preconceitos, temores e rivalidades e a convivência ética, respeitosa e solidária com as variadas diferenças que compõem a diversidade religiosa, étnica e cultural da população brasileira e da humanidade.

Cabe a você comunicar aos alunos e a seus familiares a confiança na escola e a certeza de que o Ensino Religioso, longe de excluir ou desprezar qualquer experiência ou pertença religiosa, valoriza os diferentes conhecimentos, vivências e modos de crer, presentes na sala de aula, na escola e na sociedade.

Educar para a compreensão do Fenômeno Religioso como aspecto positivo da cultura humana e cultivar na escola a convivência com a diversidade é um dos principais objetivos do Ensino Religioso. Por isso, o livro do 9º ano, *Nossa opção religiosa,* acompanha o adolescente na reflexão acerca da condição cultural inerente ao ser humano, cuja existência é imersa no mistério da transcendência. Textos poéticos e sapienciais das diversas religiões inspiram dinâmicas educativas e sugerem atividades de observação, pesquisas, entrevistas, debates, reflexões, produção de textos e representações artísticas que orientem o exercício de ver, refletir, julgar, elaborar e socializar conhecimentos e definir conclusões e posicionamentos significativos para a vida pessoal e coletiva, frente a um mundo no qual a dimensão sagrada da cultura, da sociedade e da experiência individual é inegável e, ao mesmo tempo, pode trazer potencialidades insuspeitadas de humanização e felicidade.

Parabéns por sua coragem de apostar na eficácia transformadora do Ensino Religioso. Auguramos que este livro venha ao encontro de suas expectativas didáticas e pedagógicas e contribua para fazer de sua sala de aula uma célula do mundo de igualdade e paz com o qual todos sonhamos.

A você, um abraço de Paulinas Editora e da autora deste livro.

# Ensino Religioso
# Componente curricular do Ensino Fundamental

A escola é espaço de pesquisa, construção de conhecimento, apropriação do legado cultural da humanidade e reflexão sobre a vida atual, em vista da educação integral e cidadã.

O Ensino Religioso, componente curricular do Ensino Fundamental, afirma-se nas Ciências da Religião, uma nova área acadêmica adotada em universidades do mundo inteiro, nos últimos 100 anos.

As Ciências da Religião têm por objetivo o estudo sistemático da religião, ou seja, das expressões culturais da religiosidade humana, em todas as suas dimensões, formas, conteúdos, práticas, significações. Por isso, a sua estrutura é multidisciplinar. Diferentes disciplinas, como Sociologia, Antropologia, História, Geografia, Filosofia, Psicologia, dentre outras, auxiliam na abordagem e compreensão desse fenômeno universal, presente nas diferentes culturas, desde os primórdios da humanidade.

O objeto de estudo da disciplina Ensino Religioso é o Fenômeno Religioso, isto é, os sinais e as expressões da religiosidade humana na cultura e na sociedade. Edgar Morin, professor da Universidade de Paris, no livro *Os sete saberes necessários para a educação do futuro*, escrito a pedido da UNESCO (Organização das Nações Unidas para a Educação, a Ciência e a Cultura), sobre os paradigmas da educação para o Terceiro Milênio, assim diz: "O saber científico sobre o qual este texto se apoia para situar a condição humana não só é provisório, mas também desemboca em profundos mistérios referentes ao Universo, à Vida, ao nascimento do ser humano. Aqui, intervêm opções filosóficas e crenças religiosas através de culturas e civilizações" (p. 13).

O Ensino Religioso como parte da educação cidadã, visa desenvolver as duas dimensões propostas pelo professor Morin: por um lado, o saber que resulta do rigor científico e, por outro, a humanização e a superação de preconceitos e rivalidades derivados da ignorância ante a diversidade de gênero, cultura, religião ou etnia.

## EXIGÊNCIA CULTURAL DA SOCIEDADE

A UNESCO há muitos anos incentiva os povos a uma convivência internacional justificada pelos Direitos Fundamentais do Ser Humano, dentre os quais o direito de crença e de culto.

Diz a *Convenção Relativa à Luta contra a Discriminação no Campo do Ensino*, de 1960: "A educação deve visar ao pleno desenvolvimento da personalidade humana e ao fortalecimento do respeito aos direitos humanos e das liberdades fundamentais, o que deve favorecer a compreensão, a tolerância e a amizade entre todas as nações e todos os grupos raciais ou religiosos, assim como o desenvolvimento das atividades nas Nações Unidas para a manutenção da paz. Deve ser respeitada a liberdade dos pais ou, quando for o caso, dos tutores legais de assegurar, conforme as modalidades de aplicações próprias da legislação de cada Estado, a educação religiosa e moral dos filhos, de acordo com suas próprias convicções; outrossim, nenhuma pessoa ou nenhum grupo poderá ser obrigado a receber instrução religiosa incompatível com suas convicções" (art. 5º).

A *Declaração sobre a Raça e os Preconceitos Raciais*, de 1978, diz: "A identidade de origem não afeta de modo algum a faculdade que possuem os seres humanos de viver diferentemente, nem as diferenças fundadas na diversidade das culturas, do meio ambiente e da história, nem o direito de conservar a identidade cultural" (art. 1º).

A *Declaração sobre a Diversidade Cultural*, de 2001, confirma em sua introdução: "A UNESCO, reafirmando sua adesão à plena realização dos direitos humanos e das liberdades fundamentais proclamadas pela *Declaração Universal dos Direitos Humanos*; [...] Reafirmando que a cultura deve ser considerada como o conjunto de traços distintivos espirituais e materiais, intelectuais e afetivos que caracterizam uma sociedade ou um grupo social, e que abrange, além das artes e das letras, os modos de vida, as formas de convivência, os sistemas de valores, as tradições e as crenças. [...] Aspirando a uma maior solidariedade baseada no reconhecimento da diversidade cultural, na conscientização da unidade do Gênero Humano e no desenvolvimento de intercâmbios culturais, proclama: [...] A diversidade cultural amplia as possibilidades de escolha que se oferecem a todos; é uma das fontes do desenvolvimento, entendido não somente em termos de crescimento econômico, mas também como meio de acesso a uma existência intelectual, afetiva, moral e espiritual satisfatória" (art. 3º).

A *Convenção para a Salvaguarda do Patrimônio Cultural Imaterial*, de 2003, acrescenta: "O patrimônio cultural imaterial [...] manifesta-se em particular nos seguintes campos: tradições e expressões orais, incluindo o idioma como veículo do patrimônio cultural imaterial; expressões artísticas; práticas sociais, rituais e atos festivos; conhecimentos e práticas relacionados à natureza e ao universo; técnicas artesanais tradicionais. Entende-se por 'salvaguarda' as medidas que visam garantir a viabilidade do patrimônio cultural imaterial, tais como a identificação, a documentação, a investigação, a preservação, a proteção, a promoção, a valorização, a transmissão – essencialmente por meio da educação formal e não formal – e revitalização deste patrimônio em seus diversos aspectos" (arts. 2º e 3º).

Acesso aos textos integrais da UNESCO: <www.brasilia.unesco.org./publicacoes/docinternacionais/doccultura>.

## DIVERSIDADE E DIREITOS HUMANOS NO BRASIL

O Estado brasileiro, por meio da Secretaria Especial de Direitos Humanos, vem pondo em prática os compromissos assumidos como Estado membro da UNESCO.

A *Constituição Federal* de 1988 assim diz: "É inviolável a liberdade de consciência e de crença, sendo assegurado o livre exercício dos cultos religiosos e garantida, na forma da lei, a proteção aos locais de culto e a suas liturgias" (art. 5º, inciso VI).

A Cartilha *Diversidade Religiosa e Direitos Humanos*, de 2005, complementa: "O Estado brasileiro é laico. Isso significa que ele não deve ter, e não tem religião. Tem, sim, o dever de garantir a liberdade religiosa [...] um dos direitos fundamentais da humanidade, como afirma a Declaração Universal dos Direitos Humanos. [...] A pluralidade, construída por várias raças, culturas, religiões, permite que todos sejam iguais, cada um com suas diferenças. É o que faz do Brasil, Brasil. Certamente, deveríamos, pela diversidade de nossa origem, pela convivência entre os diferentes, servir de exemplo para o mundo" (Apresentação).

Acesso à Cartilha: <www.presidencia.gov.br/estrutura_presidenciasedh/.arquivos/cartilhadiversidadereligiosaportugues.pdf>.

## O ENSINO RELIGIOSO NO ÂMBITO DA EDUCAÇÃO NACIONAL

A *Constituição Federal* de 1988 assim define o Ensino Religioso: "Serão fixados conteúdos mínimos para o Ensino Fundamental, de maneira a assegurar formação básica comum e respeito aos valores culturais e artísticos, nacionais e regionais. § 1º – O Ensino Religioso, de matrícula facultativa, constituirá disciplina dos horários normais das escolas públicas de Ensino Fundamental" (cf. art. 110).

O art. 33 da *Lei de Diretrizes e Bases da Educação Nacional* de 1996, redigido pela segunda vez pela Lei n. 9475, em 1997, esclarece: "O Ensino Religioso, de matrícula facultativa, é parte integrante da formação básica do cidadão e constitui disciplina dos horários normais das escolas públicas de Ensino Fundamental, assegurado o respeito à diversidade cultural religiosa do Brasil, vedadas quaisquer formas de proselitismo".

A Câmara de Educação Básica do Conselho Nacional de Educação, na Resolução n. 7, de 14 de dezembro de 2010, ao fixar as *Diretrizes Curriculares Nacionais para o Ensino Fundamental de 9 (nove) anos*, afirma:

"Art. 14. O currículo da base nacional comum do Ensino Fundamental deve abranger, obrigatoriamente, conforme o art. 26 da Lei n. 9.394/96, o estudo da Língua Portuguesa e da Matemática, o conhecimento do mundo físico e natural e da realidade social e política, especialmente a do Brasil, bem como o ensino da Arte, a Educação Física e o Ensino Religioso.

Art. 15. Os componentes curriculares obrigatórios do Ensino Fundamental serão assim organizados em relação às áreas de conhecimento:

I – Linguagens: a) Língua Portuguesa; b) Língua Materna, para populações indígenas; c) Língua Estrangeira moderna; d) Arte; e) Educação Física; II – Matemática; III – Ciências da Natureza; IV – Ciências Humanas: a) História; b) Geografia; V – Ensino Religioso.

Art. 21. No projeto político-pedagógico do Ensino Fundamental e no regimento escolar, o aluno, centro do planejamento curricular, será considerado como sujeito que atribui sentidos à natureza e à sociedade nas práticas sociais que vivencia, produzindo cultura e construindo sua identidade pessoal e social.

Parágrafo único. Como sujeito de direitos, o aluno tomará parte ativa na discussão e na implementação das normas que regem as formas de relacionamento na escola, fornecerá indicações relevantes a respeito do que deve ser trabalhado no currículo e será incentivado a participar das organizações estudantis.

Art. 22. O trabalho educativo no Ensino Fundamental deve empenhar-se na promoção de uma cultura escolar acolhedora e respeitosa, que reconheça e valorize as experiências dos alunos atendendo as suas diferenças e necessidades específicas, de modo a contribuir para efetivar a inclusão escolar e o direito de todos à educação."

## CONTEÚDOS DO ENSINO RELIGIOSO

No âmbito das matrizes histórico-culturais brasileiras, o objeto de estudo do Ensino Religioso é o Fenômeno Religioso enquanto Patrimônio Imaterial do povo brasileiro.

De forma pedagógica, pode-se organizar a diversidade de informações e de possíveis abordagens do conteúdo em cinco eixos temáticos, partindo-se do visível, isto é, do conhecimento ao qual os estudantes têm acesso fora da escola, por meio da cultura, da comunicação, da observação do meio ambiente ou da experiência familiar:

- **Ritos, festas, locais sagrados, símbolos** – centros religiosos, templos, igrejas, sinagogas, mesquitas, terreiros, casas de reza; cerimônias, oferendas, cultos, liturgias, rituais etc.
- **Tradições religiosas** – indígenas, africanas e afro-brasileiras, Judaísmo, Xintoísmo, Hinduísmo, Budismo, Islamismo, Fé Bahá'i, Protestantismo, Catolicismo, Pentecostalismo, novos movimentos religiosos ecléticos e sincréticos, religião cigana e outras.
- **Teologias das tradições religiosas** – diferentes nomes e atributos do ser transcendente, diferenças e semelhanças doutrinais entre as tradições religiosas; mitos de origem; crenças na imortalidade: ancestralidade, reencarnação, ressurreição.
- **Textos sagrados** – orais: mitos e cosmovisões das tradições indígenas, ciganas, africanas; escritos: livros sagrados das antigas civilizações e das tradições religiosas atuais.
- ***Ethos* dos povos e das culturas** – costumes e valores dos povos e de suas religiões.

## TRATAMENTO PEDAGÓGICO DO ENSINO RELIGIOSO

O Ensino Religioso é essencialmente interdisciplinar. Requer atividades interativas que proporcionem não só pesquisa rigorosa, reelaboração de dados, produção de formas literárias e artísticas do conhecimento adquirido e reflexão, como também experiências significativas na educação integral, pois nenhuma disciplina como o Ensino Religioso lida com as questões humanas universais.

Estas, por sua vez, refletidas e dialogadas, podem iluminar questões particulares e coletivas e se transformar em construção da sabedoria de vida, que leva à cidadania e ao protagonismo na humanização e na transformação da sociedade.

# Atividades sugeridas neste livro

O livro traz sugestões de atividades para cada aula. Algumas podem ser estendidas por duas ou três aulas consecutivas, conforme o desempenho e o interesse da turma. Outras podem dar origem a projetos de duração maior. Este é o motivo de haver apenas 17 aulas para serem desenvolvidas ao longo do ano.

De modo geral, cada aula terá uma ou mais sugestões de atividades de reflexão e construção de conhecimento a partir dos textos do próprio livro.

O item *Grande Lance*, que aparece no fim de cada aula, é sempre opcional. Além dele, há outras sugestões de atividades opcionais, que podem ser aplicadas a qualquer aula em momentos oportunos, conforme o interesse da turma.

### Diálogo em grupo

Com orientações claras sobre o objeto de diálogo e a finalidade do trabalho em grupo, esta é uma atividade que educa para a concentração na tarefa objetiva a ser feita, o controle e o bom aproveitamento do tempo, o diálogo interpessoal, a circularidade de lideranças, a objetividade em preparar resultados claros para serem apresentados à classe, o respeito às diferenças e a descoberta da riqueza de um trabalho que agrega diferentes pontos de vista de um mesmo objeto.

### Mutirão de ideias

Favorece a expressão dos próprios posicionamentos e evidencia ideias originais e inovadoras a respeito de problemas e soluções. Por caracterizar-se pela falta de reflexão prévia, as ideias devem ser anotadas no quadro, para que não se percam e posteriormente possam ser ordenadas e refletidas. Durante a atividade é desfavorável selecionar ou usar juízo de valor sobre elas. A multiplicidade de ideias mostrará a diversidade e servirá de ponto de partida para posteriores exercícios de pesquisa, argumentação e esclarecimento.

### Debate

Requer dois grupos que defendam objetivamente ideias opostas. Exercita a atividade de pesquisa prévia e documentação da ideia que será defendida. Desenvolve as habilidades de falar em público, ordenar a apresentação de fatos e ideias, representar um pensamento coletivo, distribuir partes do trabalho para diversas pessoas, aguardar a própria vez de fazer uma intervenção, respeitar a opinião contrária, tratar o adversário como igual e, se possível, procurar uma solução intermediária para a questão, de modo que os dois lados tenham seus argumentos valorizados. Se isto não for possível, refletir acerca da aceitação de perdas e da vitória não triunfalista.

### Questionário

Aplicado de forma adequada, ajuda o estudante a ordenar objetivamente as informações já conhecidas e a identificar a resposta objetiva para cada questão. As questões subjetivas favorecem a elaboração escrita do próprio pensamento. Pode ser um ótimo exercício de preparação para um posterior debate.

### Linguagem da mídia

Estimula o estudante a produzir e expressar seu conhecimento por meio de linguagens não convencionais na escola, mas presentes em seu cotidiano, como os programas de rádio e TV, textos de jornal, produções musicais e outras.

A atividade valoriza a linguagem apreciada pelos alunos/alunas e presta-se para expressões originais e prazerosas.

### Pesquisa acadêmica

Proporciona a descoberta de novos conhecimentos mediante uma investigação minuciosa, que prevê diversas atividades divididas em diferentes etapas, a saber:

- Justificativa – fundamentação da pesquisa, apresentando uma questão social, humana, filosófica etc.
- Objeto – determinação do que será pesquisado.
- Método – descrição das estratégias que serão usadas na pesquisa.
- Campo de pesquisa – especificação de onde, em que ou com quem será feita a pesquisa.
- Material – previsão do material necessário.
- Resultados – demonstração dos dados pesquisados.
- Debate – discussão e reflexão sobre os dados e levantamento de realidades.
- Referência teórica – apresentação de autores e obras iluminadores.
- Conclusões – proposições teóricas e práticas que expliquem ou apontem soluções para a questão inicial.

UNIDADE 1

# Raiz na terra e flores no céu

**Objetivo** Conscientizar-se da própria individualidade, como ser único e comunitário, situado na história e na sociedade nas quais se evidenciam sinais da cultura religiosa.

# 1.1. A cisterna do deserto

## OBJETIVO

Refletir sobre símbolos sagrados universais, como a água, que retratam necessidades materiais e sonhos transcendentes. Tomar consciência da importância de aprender com a diversidade e a cultura oral presentes no cotidiano. Conhecer elementos do Islamismo.

Os textos orais e escritos das tradições religiosas guardam memórias da vida, da história e das conquistas de um povo, à luz de determinado modo de entender o mistério da existência.

É costume, nas culturas tradicionais, educar as crianças e os adolescentes por meio de fatos do cotidiano e de narrativas sagradas. A água é um dos elementos centrais de boa parte desse patrimônio cultural e religioso de todos os povos.

### RECORDAÇÕES À LUZ DAS ESTRELAS

Minha cidade, no nordeste do Brasil, é linda e divertida. A praça é o ponto de encontro preferido: os repentistas, o artesanato, a feira, tudo é motivo de comunicação e convivência com a diversidade.

Foi na praça que encontrei Laila. A turma jura que somos namorados, mas nós temos um outro sentimento, assim, como de irmão e irmã. É legal conhecer as histórias que ela ouve do avô a respeito dos costumes da terra de onde ele veio.

O avô de Laila nasceu no Oriente Médio. Às vezes ele se senta, à noite, na frente da casa, contempla as estrelas e recorda as histórias que ouvia dos avós, tradições cultivadas pela família desde o tempo em que os antepassados viviam em tendas no deserto. A fonte de Ismail foi uma das mais belas histórias que ouvimos dele. Depois soubemos que faz parte dos relatos sagrados do Islamismo.

# A FONTE DE ISMAIL

Jerusalém é a cidade sagrada para as três religiões chamadas "do livro": Judaísmo, Cristianismo e Islamismo.

A mesquita Al-Haram, em Meca, na Arábia Saudita, é o local sagrado mais amplo do mundo e comporta em seu recinto um milhão de peregrinos. Foi construída no local para onde há milhares de anos os nômades do deserto peregrinavam ao encontro da fonte sagrada de Zamzam e da pedra negra caída do céu e consagrada à deusa Vênus (um provável fragmento de meteoro).

Conta a tradição islâmica que a origem da fonte vem de tempos remotíssimos: em um clã de pastores do oásis de Haram vivia Sara, uma senhora idosa e estéril, que sentia ciúmes de Hajar, mãe de Ismail, filho único do patriarca Ibrahim.

Certo dia, Sara pediu ao marido que levasse a jovem e o menino para longe de suas tendas. Ibrahim chorou muito, mas Deus confortou-o e disse-lhe que atendesse ao pedido da esposa. Tomou a jovem Hajar e o menino e os levou pelo deserto, rumo ao desconhecido, até um vale onde Deus lhe ordenou que parasse. Foi quando Hajar, aflita perguntou:

– Tu nos deixarás aqui no meio da areia e das rochas?

– Deus me indicou este lugar – explicou ele.

– Então Deus cuidará de nós.

Ibrahim beijou a criança e a mãe e foi embora, chorando e olhando para trás. Quando ele sumiu no horizonte, Hajar montou um abrigo para a noite, certa de que Deus não os abandonaria.

Na manhã seguinte a jovem palmilhou o vale à procura de água sem nada encontrar. Passaram os dias e a provisão do odre chegou ao fim. Ela deixou o bebê na sombra de uma rocha e subiu nas montanhas vizinhas, na esperança de avistar um poço ao longe. Ao ver só pedras e areia, chorou em alta voz, clamou por Deus e suplicou-lhe que salvasse sua vida e a do menino.

Desorientada e aflita, Hajar voltou para junto de Ismail e, com grande surpresa, encontrou uma fonte, que chamou Zamzam, o que quer dizer: "Deus assim o quis". Cercou a fonte de pedras e fez um poço.

Os beduínos Coaxitas da Arábia, que por ali passavam, avistaram o poço de longe e pediram permissão a Hajar para acampar junto dele. Montaram as tendas e levantaram uma também para ela e seu filho. Assim Ismail cresceu no meio das crianças Coaxitas e foi educado como um árabe. Dessa tribo, muitos séculos depois, nasceria o Profeta Mohamad ou Maomé, fundador do Islamismo.

Após ler os textos *Recordações à luz das estrelas* e *A fonte de Ismail*, deixar que os alunos comentem livremente e relatem o que estes textos os fazem lembrar.

Pedir à turma que se recorde de nomes de rios sagrados: o Vilcanota, no Peru; o Jordão, na Palestina; o Ganges, na Índia; o Nilo, no Egito; o Eufrates, no Iraque, e outros.

Depois, lançar as questões:

- Por que os grandes volumes de água são tidos como sagrados pelas culturas tradicionais?
- No Brasil há rios, lagos, poços, cisternas, igarapés tidos como sagrados? (Lendas dizem que o rio Amazonas é o resultado das lágrimas da Lua quando foi separada do Sol pela noite; as cataratas do Iguaçu surgiram dos ciúmes do deus M'Boi pelo amor de dois jovens Kaingangue; o rio São Francisco surgiu do pranto de Ianti, a bela índia que viu seu amado ir para a guerra.)
- Que motivos levam a população a considerá-los assim?
- Por fim, desenvolver o item *Atividade* a seguir.

## ATIVIDADE

Após ter lido os textos e refletido sobre os motivos que levam as pessoas a procurar explicações misteriosas e sagradas para os grandes volumes de água, converse com o grupo e dê sua opinião sobre as questões:

- Na sociedade atual ainda tem sentido tratar a água como sagrada?
- O que isso significava no passado? O que pode significar agora?
- O que a água simboliza nos ritos religiosos que conhecemos?
- Em sua opinião, que aspectos da vida atual podem ser simbolizados pelo deserto, areia, as rochas ou ausência de uma fonte?
- O que significa, simbolicamente, encontrar água em abundância?

## TEXTO SAGRADO ISLÂMICO

### O MISERICORDIOSO

Em nome de Deus, o Beneficente, o Misericordioso.
Ó, humanos, adorai o Senhor que vos criou,
bem como aos vossos antepassados.

Ele fez para vós, da terra um leito
e do céu um teto
e envia do céu a água
com a qual faz brotar
os frutos para o vosso sustento.
Quem sabe assim vos tornarei virtuosos.

*Alcorão*, sura 2ª, versículos 21-22.

## GRANDELANCE

Conversar com pessoas idosas sobre as recordações que elas têm de lugares agradáveis, com abundância de água, ou desérticos e semiáridos, ou, ainda, o que elas conhecem sobre lagos ou rios da região.

# 1.2. A vida na mata

## OBJETIVO

Sentir-se um ser único, com individualidade, mas em interação social. Perceber como as tradições religiosas servem-se do símbolo da árvore na floresta para tratar dos mistérios e interrogações da vida humana. Conhecer elementos do Jainismo hindu.

## MATERIAL

Retalhos de papel de seda verde suficientes para todos os alunos, um número menor de papéis em cores variadas, pequenos galhos de árvore sem folhas, fita adesiva, folha de isopor grosso ou caixa com terra.

No último ano do Ensino Fundamental, os portais do futuro se abrem e você entra por eles a cada novo passo.

Você cresceu nos últimos tempos! Mas o crescimento não se limita só à aparência física. Pode-se crescer também "por dentro", como as árvores que aprofundam raízes na terra e se elevam em direção ao céu.

### A PARÁBOLA DO ANDARILHO

A tradição religiosa jainista, da Índia, conta que um príncipe perguntou a um sábio qual o sentido do bem e do mal. O sábio contou esta parábola:

"Um andarilho vagava na floresta e uma fera o atacou. Ele virou-se para fugir e um espírito mau barrou-lhe o passo. Tentou subir em uma árvore, mas caiu em um poço seco, onde havia uma ninhada de serpentes. Na queda, ele estendeu a mão e se segurou a um arbusto que crescia entre as pedras.

Feira ao ar livre, na Índia

Enquanto o homem estava dependurado, uma colmeia de abelhas desprendeu-se da árvore e caiu sobre ele. As abelhas o picaram, mas também um pouco de mel chegou até seus lábios e a doçura o fez esquecer por alguns instantes toda a dor e o perigo que corria".

O sábio, ao ver o príncipe pensativo, sem nada entender, interpretou a parábola: o andarilho é o ser humano, a floresta é a existência, a fera é a morte e o mau espírito é a velhice. A árvore é a salvação, mas não é fácil atingi-la. O poço é a vida de cada pessoa e as serpentes são o mal escondido no fundo de cada um. As abelhas são as preocupações e as doenças e o mel é o bem, que supera tudo.

## A ATRAÇÃO DA FLORESTA

A consciência humana surgiu quando os ancestrais habitavam em meio à natureza. Por isso, a árvore é um dos símbolos mais universais, isto é, usado em todos os tempos, culturas e regiões da terra, com significados muito semelhantes.

Os mitos e rituais ligados à árvore existem em todas as tradições religiosas, pois ela é um dos principais símbolos não só da vida humana, como também do sagrado e do transcendente.

- No Egito, a deusa Hathor era representada pela árvore celeste cujos frutos davam a imortalidade.
- Na mitologia da Escandinávia, o universo tem a forma de um carvalho: as raízes afundam na terra e a copa alcança o céu.
- Para os Vedas da Índia, a árvore representa o mundo. Os lugares sagrados eram construídos ao lado de grandes árvores.
- Nas culturas da Mesopotâmia, as tamareiras dos oásis eram sagradas.
- Na Babilônia, a árvore era considerada habitação de divindades.
- A cultura bantu de vários países africanos acredita que os espíritos dos antepassados habitem nas árvores. A mesma crença existe em tribos indígenas do Brasil.
- Os ancestrais do povo alemão cultuavam pinheiros, que cobriam de pequenas tochas. Talvez esta seja a origem do pinheiro de Natal.
- As colunas dos antigos templos são formas estilizadas de reproduzir os grandes troncos da floresta – o espaço misterioso por excelência.

Ruínas do Partenon, templo dedicado à deusa Palas Atena, protetora da cidade de Atenas, na Grécia.

Disponibilizar os retalhos de papel e os galhos que servirão de tronco. Propor à turma que crie árvores e as fixe no isopor ou na caixa com terra, formando um bosque.

Deixar que os alunos manifestem todas as ideias que o bosque desperta: diversidade de formatos e de cores, variedades floridas que adquirem cor diferente do verde, consequências do desmatamento etc.

Após o diálogo inicial, promover a leitura dos textos: *A parábola do andarilho* e *A atração da floresta*.

Recordar mitos, lendas e outros relatos sagrados nos quais aparece o símbolo da árvore. Por exemplo, a lenda do Umbu diz que a árvore quis ter a madeira frágil para nunca servir de jugo nem de cruz; a lenda do Pequi diz que a árvore foi dádiva de Deus a uma mãe que perdeu seu filhinho de cabelos dourados.

Deixar que os estudantes opinem a respeito dos pontos que mais os atraíram e dialoguem em grupos sobre as questões propostas no item *Atividade*.

## ATIVIDADE

Libere seu potencial artístico: amasse nas mãos os retalhos de papel de seda, modele a copa de uma árvore e cole-a ao pequeno tronco.

Depois que a sua árvore estiver formando um bosque junto às dos colegas, fale sobre tudo o que esta obra de arte faz pensar.

Por fim, recorde textos sagrados em que aparecem árvores ou lendas que expliquem como elas surgiram. Dialogue com seu grupo sobre os pontos semelhantes entre a vida do adolescente e a linguagem simbólica das árvores. Reflita, então, a respeito do texto *A parábola do andarilho*:

- Em que tipo de mata está plantada a árvore que simboliza o jovem atual?
- Que serpentes vivem no fundo do poço que é o interior da pessoa?
- De onde vem o mel que faz superar as dores da vida atual?

# TEXTOS SAGRADOS DO HINDUÍSMO

## RAIZ FIRMADA NO MISTÉRIO

A árvore da eternidade tem as raízes no alto do céu
e seus ramos descem à terra.
É o espírito puro que, na verdade, é chamado imortal.
Todos os mundos se apoiam neste espírito
e para além dele ninguém pode ir.

Texto védico *Katopanisat*, 5ª Parte, 1.

Aquele que conhece a árvore
que se diz imortal,
cujas raízes estão em Deus,
cujo talo representa o Criador
e cujas folhas são os Vedas,
este conhece os Vedas.
A natureza dessa árvore
nem com pensamento amadurecido se revela
porque não tem princípio nem fim.

Texto védio *Srmadbhagavad Gita*, 15,1:
o Discurso de Bhagavān

## PARA CASA

Procure escrever algo que relacione sua vida com as raízes de uma árvore e sua família, com o solo onde a árvore está plantada.

Se possível, traga para a próxima aula fotos de sua infância e de seus antepassados.

## GRANDELANCE

Conversar com familiares, descobrir fotos e outros dados sobre os antepassados da família e fazer sua arvore genealógica.

# 1.3. A profundidade das raízes

## OBJETIVO

Sentir-se uma pessoa ligada às raízes culturais da humanidade. Conhecer crenças e costumes da África e de outras culturas relacionadas ao símbolo da raiz que se aprofunda no solo e permite à árvore crescer em direção ao céu.

## MATERIAL

As produções escritas sobre as raízes plantadas no solo da família.

Você está entrando pelo portal da juventude. Sente-se responsável e capaz de decidir e agir. A infância já faz parte de sua história.

A vida adulta se aproxima e seus sonhos e projetos são compartilhados com amigos ou amigas. No entanto, a família continua sendo e sempre será o solo que sustenta sua árvore.

O ser humano nasce e sobrevive por meio de outros de sua espécie, e isso, em uma cadeia infinita, a perder-se de vista no tempo. Pode-se comparar tal realidade a uma poderosa raiz, que se ramifica no subsolo de modo que ninguém jamais consegue arrancar.

### RAMOS E FRUTOS DEPENDEM DA RAIZ

A maioria das culturas e tradições religiosas têm na árvore um símbolo de pertença da pessoa à própria família.

- Na Indonésia, planta-se uma árvore no dia em que nasce um bebê.
- A família real da França plantava uma tília no jardim do palácio por ocasião do nascimento de uma criança.
- A mitologia grega diz que o deus Apolo nasceu quando sua mãe tocou uma palmeira sagrada.

Sacerdote da tribo Felupe, da Guiné-Bissau, diante das raízes da árvore sagrada.

- Na Grécia antiga, os recém-nascidos eram deitados em cestas, rodeados de ramos verdes.
- Na Índia, ainda é costume rodear a criança de frutos.
- Talvez a origem do berço seja o uso de reclinar o bebê sobre uma casca de árvore forrada de folhas.
- Os índios Kaingangue do sul do Brasil plantam uma árvore para cada criança que nasce.
- Crenças populares de vários povos, inclusive do Brasil, têm ritos de cura que fazem a pessoa passar entre duas árvores ou entre os galhos de uma árvore.

No entanto, há também outras interpretações para esses elementos da natureza: a raiz expande-se no mistério transcendente, enquanto as folhas e os frutos se inclinam para beneficiar a humanidade. Pode-se encontrar esta ideia nos *Vedas* do Hinduísmo, assim como na lenda africana do baobá.

## A LENDA DO BAOBÁ

Conta uma lenda africana que, após ter colocado o baobá sobre a terra, o Criador continuou seu trabalho, e a árvore o vigiava em tudo e dizia: "Isso não vai funcionar"; "Aquilo não está bem", dando opinião sobre todas as espécies que eram criadas.

Certo dia, o Criador cansou-se de ser contrariado pelo baobá, tomou-o nas mãos, plantou-o com as raízes para cima e perguntou: "E agora, eu acertei? Está bem assim?". Desde então a árvore cresce de cima para baixo.

Em várias nações da África, o baobá é sagrado. Pode viver milhares de anos, não se eleva muito, mas o tronco engrossa sempre mais e os ramos, finos e espalhados, ao perderem as folhas, mais parecem raízes. Abrigos e até túmulos são escavados em seu tronco, pois muitos africanos creem que a pessoa ali sepultada sobreviverá no além enquanto a árvore viver.

Nas estepes da Austrália, os nativos capturavam inimigos e os prendiam em celas escavadas nos troncos dos baobás.

Promover a leitura dos textos *Ramos e frutos dependem da raiz* e *A lenda do baobá*.

Deixar que os estudantes citem o que conhecem a respeito dos assuntos abordados e tudo o mais que os textos fazem lembrar: outras lendas, mitos e costumes referentes às raízes e à ligação simbólica entre a árvore e a criança que nasce.

Confrontar as semelhanças entre as realidades que as seguintes expressões fazem lembrar:

- raiz da árvore;
- raiz da família;
- raiz cultural;
- raiz religiosa.

A seguir, organizar grupos e desenvolver o item *Atividade*.

## ATIVIDADE

Depois do diálogo com a turma sobre tudo o que os textos que acabamos de ler fazem lembrar, você pode apresentar ao grupo as suas raízes familiares, usando o texto que escreveu em casa e as fotos dos antepassados ou as de sua infância.

Após a apresentação, pode refletir e conversar com os colegas:

- De que modo minha família me ajudou a aprofundar raízes e cultivar a árvore que sou agora?
- Em que aspectos minha família dificultou o meu crescimento?

No fim do diálogo, podem ser escolhidas duas realidades familiares: uma que ajuda e uma que dificulta o crescimento da pessoa. Cada grupo pode apresentar as duas realidades escolhidas, em forma de dramatização, ou como preferir.

# ESCRITO SAGRADO DA FÉ BAHÁ'Í

## COMO DEFINIR O HOMEM?

O homem assemelha-se a uma árvore.
Os frutos da árvore humana são primorosos,
altamente desejados
e estimados com afeto.
Entre eles figuram:
o caráter íntegro,

as ações virtuosas,
as palavras de bondade.
A água para essas árvores
é a água da vida
das Sagradas Palavras.

Escritos de Bahá'u'lláh, um dos maiores
sábios da tradição religiosa Bahá'í do século XIX.

## PARA CASA

Procure refletir e escrever:

- Um fato de sua vida que fez você sofrer, como se fosse a poda em uma árvore.
- Os sinais de crescimento que existem em sua vida.

## GRANDELANCE

Assistir ao filme *Nome de família* (Direção: Mira Nair, Índia/EUA, 2007).

Recém-casados mudam-se da Índia para os Estados Unidos, onde têm um casal de filhos. Os jovens, criados entre as tradições dos pais e a sociedade ocidental, lutam por compreender e vivenciar as raízes culturais e religiosas da família.

# 1.4. O cultivo da árvore sagrada

## OBJETIVO

Conhecer melhor as próprias características e potencialidades, expressar aspectos da experiência pessoal por meio da linguagem simbólica. Conhecer elementos do Budismo.

## MATERIAL

Um galho seco de árvore, fixado em um vaso com areia. Retalhos de papel de várias cores, lápis, tesouras e fita adesiva.

Você cultiva a estética física por meio do esporte, dos produtos de beleza, da roupa e de acessórios da moda?

Muita coisa pode ser cultivada. Aliás, se é possível representar o ser humano por uma árvore, o cultivo é a palavra correta para refletir sobre o crescimento da pessoa em todas as dimensões da vida.

### UM PRÍNCIPE SOB A FIGUEIRA

Conta a tradição budista que quando o príncipe Siddharta Gautama deixou o palácio do pai e tornou-se um andarilho, procurou eremitas e iogues, na esperança de encontrar a verdade. Ao ver a vida austera daqueles sábios, seguiu o exemplo, renunciando a todo conforto e bem-estar.

O futuro Buda fez jejuns prolongados, na esperança de assim receber a iluminação que tanto desejava. Mas ficou tão fraco a ponto de sofrer um colapso. Isso o fez ver que não chegaria à verdade destruindo a si mesmo, e sim com o cultivo da inteligência, da concentração e da meditação.

Passaram-se seis anos. Certa vez o príncipe peregrino se sentou debaixo de uma figueira para passar a noite, entrou em tal estado de concentração que esteve ali durante várias semanas, suportou tempestades e foi provado em sua resistência física e espiritual. Sentiu desejo de voltar para a vida cômoda, no palácio de seu pai, mas a tudo renunciou por seu objetivo de encontrar a luz da verdade.

Em uma noite especial, após a difícil decisão de deixar tudo que poderia ter, se desistisse de seu ideal, ele foi iluminado por uma revelação que o tornou profundamente feliz para sempre.

## ESPELHOS DO MISTÉRIO

A figueira à margem do rio, com as raízes regadas pela correnteza e os ramos carregados de frutos, é a imagem da experiência do príncipe Buda.

As árvores são símbolos da pessoa e do universo. Suas vidas cíclicas: queda de folhas, brotos novos, flores, frutos, sementes, novas árvores, nova queda de folhas, novos brotos – ajudam a compreender os mistérios de vida e morte, alegria e dor que se repetem continuamente na existência humana.

Todos nós sofremos perdas e cortes dolorosos. Mas a árvore não morre ao ser podada. Ao contrário, brota com mais vigor.

O ser humano é capaz de dar frutos e oferecê-los a quem deles precisar.

- Em vários países da Europa existem as "festas de maio", que no passado eram rituais religiosos. Os jovens cantam e dançam, no fim do inverno, representando a morte e o renascimento das árvores e o despertar da vida na natureza.
- É também tradição europeia casar-se em maio, quando no hemisfério Norte começa a primavera. Os antigos temiam que o casamento no inverno, quando a natureza está aparentemente morta, causasse esterilidade ao casal.

Após a leitura dos textos *Um príncipe sob a figueira* e *Espelhos do mistério*, desenvolver a sugestão do item *Atividade*.

Depois que o galho seco for revestido por folhas, frutos e flores, e que os jovens tiverem compartilhado fatos de suas vidas, lançar a questão:

- A árvore produzida em mutirão retrata ao mesmo tempo todas as possibilidades que ela desenvolve em cada estação (broto, flor, fruto, folha seca). O que esta imagem simbólica tem a ver com a cultura, com a religião e com os mistérios da vida humana?

## ATIVIDADE

Você pode manter-se em silêncio por um tempo, enquanto pensa em sua vida e escolhe um fato que possa ser simbolizado por uma árvore na primavera (flores), no verão (folhas verdes) no outono (frutos), ou no inverno (folhas amarelas).

Depois, escolha o papel da cor adequada, desenhe e recorte a figura que você decidiu fazer, cole-a no galho que está no vaso e narre para a turma o fato que você quis simbolizar.

## SABEDORIA INDIANA

### AMOR EM FRUTOS

Não quero o amor que desconhece os limites,
como o vinho espumante que rompe o seu vaso
e se derrama, perdendo-se num momento.

Envia-me o amor fresco e puro
como a tua chuva que abençoa a terra sedenta
e enche as vasilhas do lar.

Envia-me o amor que encharca tudo,
descendo até o centro do ser
e daí se espalha, como seiva invisível,
pelos ramos da árvore da vida,
fazendo nascer flores e frutos.

Tagore (1861-1941), poeta e músico indiano.
Sua obra foi marcada pela tentativa de sintetizar a cultura oriental e a ocidental.

## PARA CASA

Exercite sua capacidade de tomar decisões: deixe de comprar uma coisa desnecessária, economize o dinheiro, compre frutas e traga-as para a próxima aula.

### GRANDELANCE

Procure conversar com seus familiares e descobrir as qualidades que eles encontram em você.

# 1.5. Frutos maduros à luz do sol

## OBJETIVO

Identificar as capacidades pessoais e vê-las como potencialidades, iluminadas pelo transcendente. Optar entre um interesse pessoal e uma ação solidária. Conhecer um mito da tradição africana Iorubá.

## MATERIAL

As frutas trazidas de casa.

Você sabia que o Sol contribui para adoçar as frutas?

A vida das pessoas é como uma árvore: as raízes fundam-se no solo da família, o tronco e as folhas você cultiva, porque representam as suas capacidades e qualidades, mas os frutos dependem do Sol para amadurecerem e se tornarem nutritivos.

### O MITO DE OBI

O candomblé utiliza em alguns de seus rituais o fruto sagrado de obi, cuja árvore trazida da África é conhecida no Brasil como noz-de--cola, coleira ou oboró.

Diz um mito iorubá que Olodumare, o Criador, descobriu certa discórdia entre as divindades. Convocou então quatro delas – a Paz, a Prosperidade, a Concórdia e Aiye, que representa a vida – e pediu-lhes conselho sobre a situação. Elas deliberaram longamente e compreenderam o motivo da dificuldade: os jovens já não respeitavam os anciãos.

As quatro divindades decidiram orar pelo retorno do equilíbrio no céu e, ao ouvir as vozes, Olodumare ergueu as mãos apanhou as preces no ar e as plantou no jardim de sua casa, na eternidade.

No dia seguinte, uma árvore havia crescido no local onde o Criador plantou as orações. No mesmo dia, ela floriu e deu frutos. Quando o Sol ficou a pino e iluminou toda a árvore, os frutos amadureceram, caíram no solo e se abriram. Dentro deles havia uma espécie de noz avermelhada. Aiye as recolheu e levou a Olodumare, que a encorajou a prepará-las para serem consumidas. Mas nenhuma das receitas experimentadas ficou boa.

Quando ninguém mais sabia o que fazer, chegou Elenini, a divindade dos obstáculos, e decidiu correr o risco e provar as nozes cruas, achou-as saborosas e revelou que o fruto da árvore das preces plantadas pelo Criador podia ser ingerido ao natural, sem nenhum perigo.

Olodumare então decretou que as nozes se chamariam *obi*: "frutos do jardim de Deus". Aiye trouxe o obi para a Terra, mas a árvore só nasce onde existem oração, concórdia e respeito pelos mais velhos.

## AMADURECER, DIREITO DE TODOS

Como as frutas precisam do Sol, também as pessoas amadurecem sob os raios de uma luz maior e de um amplo significado para a vida. A maturidade religiosa vem da experiência do transcendente, conforme é proposta pelas tradições religiosas.

- No Hinduísmo, a maturidade é a libertação dos desejos e das tendências egoístas que afastam a pessoa da virtude e a tornam dispersa e infeliz.
- No Budismo, é a conquista de um estado de paz e concentração, capaz de ver a si mesmo e aos semelhantes à luz da verdade.
- No Jainismo, é a prática da não violência e o respeito a todo ser vivo.
- No Islamismo, é a docilidade ao querer de Deus e a solidariedade com os necessitados.
- No Judaísmo, é a veneração da Lei, que ensina o amor a Deus e aos irmãos.
- No Cristianismo, é a prática do amor e da justiça, conforme o ensinamento de Jesus Cristo.
- Na tradição africana Iorubá, é a veneração aos orixás, à natureza e a todos os seres vivos. Na tradição Bantu é a geração e o cuidado dos filhos e a comunhão com o Criador, com os antepassados e com o grupo familiar.

- Nas aldeias indígenas, é o elo com os antepassados, a reverência à natureza que é sinal do Criador, o cuidado das crianças e a guarda das tradições sagradas.
- Entre os ciganos é a veneração pelas tradições dos antepassados, a liberdade de caminhar à procura de melhores condições de vida, a partilha dos bens e do alimento.

Cada uma das tradições religiosas compreende a revelação do transcendente sob aspectos diferentes, que se completam entre si. Mas todas elas supõem que a pessoa madura cultive valores, como convivência, respeito, cuidado, solidariedade e amor, seja capaz de servir a quem precisa sem esperar retribuição e de cultivar a paz, a justiça e a solidariedade.

Após a leitura dos textos *O mito de Obi* e *Amadurecer, direito de todos,* deixar que os alunos mencionem tudo o que os textos fazem lembrar.

A seguir, organizar grupos e desenvolver as sugestões do item *Atividade.*

## ATIVIDADE

Após a leitura e o diálogo sobre os textos *O mito de obi* e *Amadurecer, direito de todos*, você pode conversar com seu grupo sobre as personagens do mito de obi:

- O mito poderia ser aplicado a realidades da sociedade atual?
- Quem seriam hoje os seus personagens?
- O que dizer da decisão de Elenini de provar o fruto desconhecido?
- Haverá alguma justificativa para a segurança de Elenini em correr o risco?
- Que realidades em nossa sociedade poderiam ser denominadas *obi*, "frutos do jardim de Deus"?

Depois de dialogar com os grupos e apresentar as conclusões para a turma, você pode colocar suas frutas junto com as que foram trazidas pelos colegas.

Pode escolher uma ou mais frutas que simbolizem melhor aquilo que você quer comunicar aos colegas e seguir estas ou outras questões em sua comunicação:

- Qual é o sol que amadurece os frutos de minha vida?
- A quem estes frutos alimentam?

Pode dar ainda sua opinião, para decidir a quem serão oferecidas as frutas que a turma reuniu.

## MÍSTICA DO ORIENTE

### ÁRVORE CHEIA DE FRUTOS

Após a morte do mestre, o discípulo ficou só,
mas a solidão não se apossou de seu coração,
porque a voz do mestre ressoava ainda em seus ouvidos,
incitando-o a prosseguir em sua obra,
semeando a palavra do profeta
no espírito dos homens.

Um dia, quando atravessava,
na cidade de Beirute, a praça do mercado,
a multidão se apinhou a seu redor
e o discípulo se pôs a falar:
"A árvore de meu espírito está cheia de frutos.
Vinde, comei até à saciedade!".

Khalil Gibran (1883-1931), poeta, romancista e pintor libanês,
cujas obras baseiam-se, sobretudo, na mística oriental e cristã.

### GRANDELANCE

Procurar engajar-se em um trabalho comunitário do bairro ou da cidade, uma obra social, uma ONG (Organização Não Governamental) ou uma ação solidária de uma comunidade de fé.

# UNIDADE 2

# Os óculos mágicos

**Objetivo** Descobrir as dimensões e os valores transcendentes de algumas atitudes e preferências da adolescência.

# 2.1. É preciso trocar os óculos

## OBJETIVO

Refletir acerca da convivência com a diversidade e as diferenças, tomar consciência da existência de preconceitos e de exclusões, conhecer a Declaração da Unesco sobre a Diversidade Cultural.

## MATERIAL

Um par de óculos grandes desenhado no quadro ou recortado em papel, giz ou pincéis atômicos.

Você se magoa e se irrita quando alguém desvaloriza seus sentimentos e seu modo de pensar?

Como você se sente quando recebe uma condenação injusta?

E quando você fala ou age sem antes refletir e comete uma injustiça?

### A LUNETA DISTORCIDA

Há muito tempo, quando os óculos se chamavam "luneta" e eram usados só por intelectuais e cientistas, um garoto comprou um par de lunetas para impressionar a namorada.

Ele chegou à casa da menina, tocou a campainha e acomodou a luneta diante dos olhos. Para seu desapontamento, veio abrir a porta uma mulher desconhecida e esquisita, que se parecia com a mãe dela, mas não podia ser, porque tinha algo de estranhamente repugnante.

O rapaz entrou na sala, que era o lugar de namorar naquele tempo. Quando a garota apareceu na porta, ele não pôde acreditar: ela parecia ter saído de "um planeta inferior"! Tudo nela estava diferente e insuportável! Sem forças e com o mundo girando à sua volta, ele se deixou cair no sofá, sem dizer uma única palavra.

Ao ver o namorado, branco e sem voz, a menina gritou pelo pai, que era médico. A porta se abriu e o garoto viu um monstro que se aproximava: estetoscópio na mão, já ia tocá-lo com suas garras, quando ele deu um salto e foi parar no outro lado da sala. No percurso, a luneta mágica saltou longe e espatifou-se no chão.

Então, tudo voltou ao normal e o rapaz viu a garota e os pais dela, simpáticos e amistosos como sempre, ainda que bem assustados.

## ÓCULOS CORRETOS

Jovens competidores em olimpíadas para pessoas portadoras de necessidades especiais.

O texto *A luneta distorcida* ajuda a compreender a tendência a ridicularizar, desprezar, julgar e condenar os outros com base em preconceitos que temos em mente.

Muitas vezes nós também nos sentimos vítimas de injustiça e exclusão quando alguém nos ridiculariza, critica, condena e despreza, às vezes por motivo de diferenças externas.

O diálogo e o mútuo conhecimento são as duas lentes adequadas para se conviver com a diversidade e respeitar as diferenças.

A UNESCO (Organização das Nações Unidas para a Educação, Ciência e Cultura), em 2001, publicou uma declaração na qual propõe que todas as nações se empenhem na convivência com as diferenças culturais.

## DECLARAÇÃO DA UNESCO SOBRE A DIVERSIDADE CULTURAL

### Introdução

[A Unesco:]

- Afirmando sua adesão à plena realização dos direitos humanos e das liberdades fundamentais proclamadas pela *Declaração Universal dos Direitos Humanos*;
- Reafirmando que a cultura deve ser considerada como o conjunto de traços distintivos espirituais e materiais, intelectuais e afetivos que caracterizam uma sociedade ou um grupo social, e que ela compreende, além das artes e das letras, os modos de vida, as formas de convivência os sistemas de valores, as tradições e as crenças;
- Aspirando a uma maior solidariedade baseada no reconhecimento da diversidade cultural, na conscientização da unidade do gênero humano e no desenvolvimento de intercâmbios culturais, proclama:

A diversidade cultural amplia as possibilidades de escolha que se oferecem a todos; é uma das fontes do desenvolvimento, entendido não somente em termos de crescimento econômico, mas também como meio de acesso a uma existência intelectual, afetiva, moral e espiritual satisfatória [art. 3º].

Acesso ao texto completo: <www.brasilia.unesco.org./publicacoes/docinternacionais/doccultura>.

Após a leitura dos textos *A luneta distorcida*, *Óculos corretos* e *Declaração da UNESCO sobre a Diversidade Cultural*, pedir aos estudantes que opinem sobre o que mais lhes chamou a atenção e apontem aspectos complementares entre os três conteúdos.

A seguir, desenvolver a sugestão do item *Atividade*.

## ATIVIDADE

Hoje você pode experimentar uma comunicação profunda: colocar os óculos do diálogo, do respeito à diferença, da amizade e da confiança.

A turma pode ser organizada em trios, por sorteio. Cada trio pode dialogar acerca destas questões:

- Um aspecto de minha vida que eu gostaria que as pessoas conhecessem e compreendessem melhor.
- Um preconceito que eu tinha, em relação a alguém, e depois descobri que estava cometendo uma injustiça.

Após o diálogo em trio você pode reunir-se com a turma e escrever, nos óculos de papel, uma qualidade que lhe parece necessária para que se possa ver as pessoas de modo justo. Por exemplo: conhecimento, confiança, compreensão, ausência de preconceito, amizade, respeito e outros.

Depois, a turma pode trocar opiniões a respeito das palavras que foram escritas e elaborar conclusões que sirvam como um código de comportamento para a vida cotidiana.

## SABEDORIA BUDISTA

### O FÁCIL E O DIFÍCIL

Muito fácil é ver o erro alheio,
o próprio, pelo contrário, é muito difícil.
Contam-se os erros dos outros
como se contam os grãos na colheita,

mas se escondem os próprios
como faz o trapaceiro ao esconder
seu mau lance de dados.

Aquele que só tem olhos para o erro alheio,
que só nutre sentimentos de desprezo,
nele progridem as contaminações.

Chiodo, Mariângela. *Sabedoria budista*. São Paulo: Paulinas, 2000. p. 65.

## PARA CASA

Pesquisar acerca de ritos, deuses e deusas da fertilidade nas religiões e nas culturas antigas.

## GRANDELANCE

Fazer uma pesquisa referente a preconceitos: reunir ilustrações, fatos e dados, entrevistar pessoas e montar uma matéria de revista sobre o tema.

# 2.2. Fortes lentes para a névoa

## OBJETIVO

Descobrir que a sexualidade foi tida como sagrada e ligada ao mundo transcendente desde o começo da cultura humana, significado este que se perdeu ao longo do tempo.

## MATERIAL

O resultado da pesquisa sobre rituais, deuses e deusas da fertilidade nas religiões e culturas antigas.

Pense em tudo o que está lhe acontecendo: as descobertas, as experiências, as mudanças.

Na adolescência, as características da sexualidade se acentuam. Entra-se em um mundo novo de relacionamento entre homem e mulher, as sensações e os sentimentos oscilam entre felicidade, frustração, atração, paixão, alegria, insegurança, temor e sofrimento. Isso pode trazer medo e confusão, mas é sinal de que você está amadurecendo.

A maturidade é o caminho para a vida adulta e a capacidade de prever e assumir as consequências das próprias decisões.

### A ILHA ESCONDIDA

A Inglaterra, muitos séculos atrás, chamava-se Bretanha. Lá se formou uma tradição religiosa ligada à natureza: a dos druidas ou Druidismo. Eles veneravam a deusa a quem davam o título de Grande Mãe. Diz a lenda que o santuário da Grande Mãe era localizado na ilha de Avalon, uma terra sagrada, de montanhas e pedras, que se erguia no meio de um lago.

Ao longo dos séculos, conforme a religião dos druidas foi sendo esquecida pela população e pelos reis da Bretanha, a ilha de Avalon foi se tornando sempre mais invisível, pois uma densa névoa cobriu toda a superfície do lago e só o barco do santuário, conduzido por barqueiros treinados, era capaz de fazer a travessia. Com o passar do tempo, Avalon desapareceu para sempre.

Lendas do Rei Artur da Távola Redonda.

## PARTICIPANTES DA IMORTALIDADE

Imagem pré-histórica escavada na rocha.
O chifre na mão da mulher representa a fertilidade.

Você já havia imaginado que a sexualidade tem forte sentido sagrado? Para ver isso é preciso usar lentes especiais, porque uma espécie de névoa dos tempos e das culturas encobre esta importantíssima dimensão da vida humana.

A lenda da ilha sagrada de Avalon ajuda a compreender o que aconteceu com o sentido transcendente da sexualidade. Perdeu-se na memória das pessoas, e, por muitos séculos, o relacionamento masculino e feminino e a formação da família foram rodeados de tabus e condicionamentos.

Os cultos religiosos aos deuses e às deusas da fertilidade foram e ainda são importantíssimos na cultura de muitos povos. Na Antiguidade, os caldeus, os babilônios, os assírios, os persas, os árabes, os indianos, os romanos, os egípcios, os gregos, os cretenses, os celtas e outros povos construíram locais sagrados onde realizavam rituais ligados à sexualidade.

Nas religiões tradicionais, que conservam costumes milenares por meio de cerimônias e da comunicação oral, há ritos de iniciação que preparam os adolescentes para a vida adulta em todas as dimensões, inclusive o casamento e a maternidade ou paternidade.

As aldeias indígenas de todas as regiões do Brasil guardam tradições sagradas referentes à sexualidade, ao amor, ao casamento e à descendência. Objetos de diversos modelos, tamanhos e materiais têm significados míticos e simbolizam importantes realidades da vida humana, de modo especial as que se relacionam à sexualidade.

Entre os índios Tukano do Alto Rio Negro, por exemplo, um vaso de cerâmica arredondado representa e útero materno durante uma gestação. A cor vermelha simboliza a fecundidade feminina e a amarela, o encontro com a fertilidade masculina.

Após a leitura dos textos *A ilha escondida* e *Participantes da imortalidade*, promover a apresentação dos resultados da pesquisa e pedir aos jovens que observem os elementos mais constantes: significado sagrado da sexualidade, geração de filhos, relação entre descendência e imortalidade, oferendas de sacrifícios e outros.

Por fim, organizar grupos e propor as questões do item *Atividade*.

## ATIVIDADE

Após ter compreendido e analisado os textos *A ilha escondida* e *Participantes da imortalidade* com a turma, você pode refletir e dialogar em grupo acerca da vida presente:

- névoas que cercam a sexualidade;
- o que se espera encontrar além da névoa;
- barqueiros que podem acompanhar os jovens na travessia.

As conclusões podem ser apresentadas de modo criativo: dramatização, cartaz, música, poema etc.

Depois das apresentações, não deixe de dar sua opinião a respeito da pergunta: "O que justificaria a atitude de considerar a sexualidade como sagrada na cultura atual?".

## PARA CASA

Conversar com pessoas idosas e perguntar: "Como era o namoro e o casamento em seu tempo de jovem?".

## GRANDELANCE

Reunir colegas, escolher obras literárias e transformá-las em roteiros de teatro que representem o amor e o casamento em épocas diferentes da história.

# 2.3. O perigo das lentes embaçadas

## OBJETIVO

Refletir a respeito dos condicionamentos que cercaram o amor ao longo da história e dificultaram a experiência de humanização e transcendência.

## MATERIAL

O resultado das entrevistas com pessoas idosas, sobre o amor e o namoro em outros tempos.

Você já se perguntou que motivos levam você a namorar ou ficar com alguém?

Pode-se dizer que a procura do amor é o primeiro item na agenda de adolescentes e jovens. Mas nem sempre foi assim.

As obras literárias retratam muito bem os condicionamentos que cercaram o amor nas várias épocas da história e não lhe permitiram desabrochar como experiência humana realizadora e feliz.

### POBRE CAROLINA... VAI CASAR-SE!

Pois quê! Vais casar-te?

– É verdade.

– Com o Mendonça?

– Com o Mendonça.

– Isto é impossível! Tu, Carolina, tu, formosa e moça, mulher de um homem como aquele, sem nada que possa inspirar amor?

– Hei de estimá-lo.

– Não o amas, já vejo.

– É meu dever. Que queres, Lúcia? Meu pai assim o quer, devo obedecer. Pobre pai! Ele cuida fazer a minha felicidade.

A fortuna do Mendonça parece-lhe uma garantia de paz e de ventura na minha vida. Como se engana!

– Mas não deves consentir nisso... Vou falar-lhe.

– É inútil, nem eu quero.

– Mas então...

– Olha, há talvez outra razão: creio que meu pai deve favores ao Mendonça. Ele apaixonou-se por mim, pediu-me, e meu pai não teve ânimo para recusar-me.

– Pobre amiga!

Assis, Machado de. *Cinco mulheres:* contos. São Paulo: Ática, 1970. p. 57.

## LENTES EMBAÇADAS ESCONDEM O AMOR

A maioria das tradições religiosas entende o amor e o casamento como missão sagrada do ser humano e possibilidade de participar do poder criador de Deus, por meio da geração de filhos. Mas, na verdade, esse ideal das religiões dificilmente foi alcançado na vida prática, porque milhares de fatores culturais e sociais interferiram no relacionamento amoroso de homens e mulheres, ao longo da história.

Poucos séculos atrás, não era permitido aos jovens escolherem o futuro marido ou esposa. Às vezes, viam-se pela primeira vez no dia do casamento.

Diversos motivos levavam as famílias à prática de promessas de união, a serem cumpridas pelos filhos. Contratos eram firmados pelos pais, quando os dois eram ainda crianças, ou até na ocasião do nascimento. Alguns motivos de tal comportamento eram:

- alianças políticas entre casas reais ou de chefes tribais;
- alianças étnicas, para manter a pureza da linhagem de uma família ou tribo;
- alianças de parentesco, em respeito à hierarquia de direitos das famílias;
- alianças econômicas, para aumentar fortunas ou aumentar posses de terras;
- alianças familiares, para não dividir heranças;
- alianças religiosas, para manter fidelidade a determinada tradição.

Esses e outros motivos dispunham do destino dos jovens como as peças de um jogo, colocadas em posições estratégicas para beneficiar interesses maiores do que a felicidade do casal. As pessoas se casavam sem ter escolhido uma à outra, e podiam até esforçar-se para conviver bem, mas, com frequência, mais tarde apaixonavam-se por outros, e isso era causa de traições e até de crimes.

Pedir aos jovens que realizem a sugestão inicial do item *Atividade*.

Após terem sido preparadas e apresentadas as dramatizações sobre os resultados das entrevistas, promover a leitura dos textos *Pobre Carolina... vai casar-se!* e *Lentes embaçadas escondem o amor*.

Pedir aos alunos que procurem semelhanças entre os conteúdos dos textos e os depoimentos das pessoas entrevistadas.

Por fim, lançar as questões sugeridas no final do item *Atividade*.

## ATIVIDADE

Em seu pequeno grupo, você pode comunicar o resultado da entrevista com pessoas idosas sobre namoro e casamento. Depois de todos falarem, o grupo pode sintetizar os relatos e preparar a pequena dramatização de uma cena que retrate aquela realidade.

Após a apresentação das dramatizações e a descoberta de semelhanças entre as entrevistas e o conteúdo dos textos *Pobre Carolina... vai casar-se!* e *Lentes embaçadas escondem o amor*, você pode refletir e dialogar com a turma:

- Que elementos das tradições antigas continuam presentes na cultura atual, em relação à sexualidade?
- Quais deles são válidos e quais devem ser superados?
- Que elemento seria capaz de atualizar a dimensão sagrada do relacionamento de um casal?

# TRADIÇÃO JUDAICA

## POEMA DE AMOR

É a voz do meu amado!
Ei-lo que vem, saltando sobre os montes,
pulando por sobre as colinas.

Levanta-te minha amada, minha rola,
minha bela, e vem!
O inverno já passou.

As chuvas cessaram, já se foram.
Aparecem as flores do campo.
Chegou o tempo da poda.
A rola já faz ouvir seu canto em nossa terra.

Mostra-me teu rosto!
E tua voz ressoe em meus ouvidos.
Pois a tua voz é suave e o teu rosto é lindo!

*Bíblia Sagrada*. Cântico dos cânticos 2,8.10-12.14. CNBB, 2001.

## GRANDELANCE

Assistir ao filme *Um amor para recordar* (Direção: Adam Shankman, EUA, 2002).

Dois jovens repletos de solidariedade, respeito e superação de limites enfrentam sofrimentos, vencem preconceitos, transformam mentalidades e conquistam o sonho de um grande amor.

# 2.4. A decisão transformadora

## OBJETIVO

Compreender a liberdade como direito de tomar decisões e a necessidade de ponderar a respeito dos riscos e consequências das próprias escolhas.

## MATERIAL

Músicas atuais que falem de amor ou de liberdade.

A juventude e a vida adulta estão cada dia mais perto de você.

A maturidade chega aos poucos, por meio do aprendizado da vida, e com ela, a liberdade.

As experiências e os sentimentos ensinam a administrar a liberdade, a relacionar-se, a aceitar limites, a tomar decisões, a medir consequências, a compreender... enfim, a amar. O amor é a opção que muda tudo.

### A PRINCESA DE PEDRA

No vale sagrado dos incas, ao pé da cidade de Machu Picchu, no Peru, uma pedra solitária inspirou uma lenda sempre repetida pelos índios desde milhares de anos até agora.

Contam que o oráculo sagrado de Huancar Kuichi destinou a princesa inca Inkil Chupi a ser esposa do homem que construísse uma ponte sobre o rio Vilcanota em uma única noite, sem ser visto pela noiva.

A princesa amava Asto Rimac, o príncipe das florestas situadas ao oriente da cordilheira dos Andes. Mas os dois não podiam se casar, ignorando o oráculo sagrado. Decidiram, então, enfrentar a prova juntos: ele cumpriria a difícil tarefa enquanto ela invocaria a proteção dos espíritos do rio e da montanha.

Na noite combinada, o príncipe começou o trabalho e a jovem, orando fervorosamente aos espíritos protetores, esqueceu-se da interdição do oráculo e pousou os olhos repletos de amor e ansiedade sobre o amado. Na mesma hora, a ponte se rompeu e o jovem foi precipitado no abismo.

Desde então, a princesa Inkil Chupi virou pedra e há milhares de anos seu olhar continua fixo no lugar onde o príncipe Asto Rimac desapareceu nas cachoeiras do rio Vilcanota.

## O AMOR E A DECISÃO DE CUIDAR

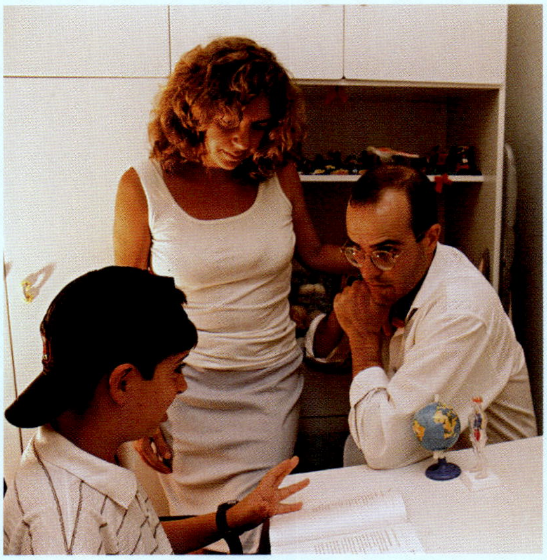

As tradições religiosas ensinam que o Criador é bom e ama as criaturas. Para vê-las felizes, entregou-lhes o mundo. Deu-lhes a liberdade e a inteligência para fazerem opções justas e coerentes; o amor, para viverem felizes; e ainda a capacidade de agir e concretizar suas escolhas.

Amar supõe a decisão livre por cuidar do ser amado. Mas, para cuidar, é preciso não querer que a pessoa satisfaça todas as nossas exigências. Quando o cuidado é recíproco, os dois sentem-se felizes e não é preciso dominar um ao outro em benefício próprio.

O amor que se torna respeito, cuidado de um pelo outro, pode levar à experiência do sagrado, pois, conforme ensinam as tradições religiosas, este é o direito que o Criador reservou para as pessoas e, ao mesmo tempo, é o compromisso que espera delas.

Organizar grupos, pedir que leiam os textos *A princesa de pedra* e *O amor e a decisão de cuidar* e depois reflitam:

- O textos trazem valores e atitudes que equivalem ao respeito e ao cuidado?
- Em relação à diversidade religiosa, cultural ou étnica, o que significa o termo cuidar?

Depois que os grupos colocarem em comum suas conclusões, pode-se desenvolver a sugestão do item *Atividade*.

## ATIVIDADE

Com a turma, você pode ouvir músicas que falam de amor e dialogar:

- As músicas retratam um amor que cuida da pessoa amada ou retratam um amor limitado, que só procura receber e não compartilhar?
- O que é necessário para que se possa optar pelo amor que muda tudo na vida?

## AMOR E POESIA

### DEIXA-ME CUIDAR DO TEU JARDIM!

– Torna-me o jardineiro de teu jardim!

– E o que farias?

– Eu manteria verde a grama de teus caminhos e teus passos seriam abençoados pelas flores. Eu te embalaria num balanço preso aos galhos e a lua do anoitecer se esforçaria por beijar a tua roupa voando entre as folhas. Eu renovaria a lamparina de teu quarto com óleo perfumado e enfeitaria o estrado de teu trono com sândalo e açafrão.

– E o que desejas em troca?

– Que me deixes tomar nas mãos o botão de lótus de teus punhos e enlaçar tuas mãos com pulseiras de flores.

– Está bem. De agora em diante podes cuidar de meu jardim.

Adaptação de um poema de Tagore.

## PARA CASA

Gravar ou procurar reportagens e fotos de revistas e jornais com cenas que mostrem os perigos e as agressões que as pessoas enfrentam no mundo atual.

## GRANDELANCE

Escrever poemas e sonetos que expressem o seu ideal de amor.

## UNIDADE 3

# Uma cana no vendaval

**Objetivo** Refletir, à luz dos valores transcendentes, a respeito das dificuldades e dos perigos que podem impedir a vida saudável e o crescimento como pessoa.

# 3.1. Entre o gelo e o Sol

## OBJETIVO

Refletir acerca da liberdade e do mistério do mal presente nas pessoas e na sociedade. Compreender a necessidade de ponderar objetivos e manter decisões firmes para alcançá-los.

## MATERIAL

Cenas projetadas ou expostas sobre os riscos de agressão e violência que a sociedade oferece a todos e, em particular, aos jovens.

Você já observou como a vida em sociedade sempre traz riscos e motivos para insegurança e temor?

A liberdade requer reflexão diante de tudo o que a sociedade oferece e firmeza na conquista dos ideais sonhados.

### OS FALCÕES PEREGRINOS

Perdidas nos uivos do vento gelado em plena cordilheira do Himalaia, ouviam-se duas fracas vozes:

– Puxa, que noite fria!

– Se piorar podemos até morrer.

– Minhas patas estão congeladas. Se tivéssemos procurado um ninho, em vez de voar o dia todo sob os raios do Sol...!

Eram dois falcões peregrinos adolescentes em sua primeira viagem pelo mundo. Encolhidos na saliência de uma rocha, fincaram as unhas na neve, para não serem levados pelo vento.

– Acho que vamos morrer desta vez.

– Se aguentarmos até amanhã, vamos procurar um ninho abandonado que nos sirva de abrigo, está bem?

– Vamos mesmo. Não podemos passar mais uma noite como esta.

Tremendo de frio, os falcões resistiram até o amanhecer. Já estavam quase congelados quando um raio de Sol os despertou.

– Já é dia! Acorde – disse um deles.

– É verdade? Então nós não morremos?

– Não. Vamos voar bem alto. Precisamos aquecer nossas asas.

– Mas... Não vamos nos esquecer de procurar um ninho, como combinamos.

– Está bem, mas há o dia todo para isso. Venha, vamos atacar uma presa em pleno voo. Já é hora do almoço.

Os jovens falcões passaram horas em voos altíssimos e mergulhos velozes. Na brincadeira, não demorou a ficar frio outra vez. O Sol desapareceu e eles se viram sem abrigo:

– Nossa! Está anoitecendo! Onde vamos dormir?

– O frio é ainda pior do que ontem!

– Devíamos ter procurado um ninho abandonado para passar a noite.

– Amanhã bem cedo vamos procurar.

– Agora é tarde! Não sei se vou resistir. Minhas patas já estão congeladas.

E assim viviam os jovens falcões, brincando no céu ao calor do Sol e se arrependendo amargamente ao cair da noite, jurando tomar uma decisão pela manhã e sempre deixando-a para depois, sem nunca pensar no que poderia acontecer a qualquer momento.

Fábula do Tibete

## DECISÃO PELA VIDA

As tradições religiosas procuram lidar com os mistérios da liberdade e do sofrimento. Vários símbolos e analogias aparecem nos textos sagrados orais e escritos, em relação à origem e às consequências dos males.

Algumas tradições falam de deuses da morte, opositores do Criador, empenhados na destruição. Outras falam de espíritos e de entes cujo trabalho é provar as pessoas, para que exercitem a liberdade nas opções pela vida e pelo caminho de Deus.

É impossível compreender com clareza o sentido do mal, da dor, do sofrimento e da

Na umbanda, antes ou depois das cerimônias costuma-se fazer a "lavagem espiritual", para que os espíritos negativos afastem-se do fiel.

morte. As tentativas são limitadas, porque se reduzem a uma linguagem humana, com elementos simbólicos conhecidos, e, por mais que tentem, não preenchem a lacuna formada pela incapacidade de desvendar o mistério.

O mal pode atingir o íntimo de uma pessoa, mas, ao mesmo tempo, faz parte da condição humana a capacidade de lutar contra a tendência ao mal, o egoísmo, a injustiça, a ganância, o ódio e tudo o que prejudica a si e aos outros.

As tradições religiosas ensinam que Deus quer a libertação da pessoa, e a ajuda a transformar-se, quando ela opta por uma vida de convivência respeitosa, ética e solidária, com a natureza e, especialmente, com os semelhantes. Se todas as pessoas vivessem assim, não haveria tanta violência e injustiça na sociedade.

Ler o texto *Os falcões peregrinos* e organizar grupos que dialoguem acerca das seguintes questões:

- Que motivos terão levado o povo do Tibet a conservar esta fábula em sua cultura oral?
- Que semelhanças simbólicas podem ser encontradas entre a primeira grande viagem das duas aves e as atrações que a sociedade oferece aos jovens?
- Na vida atual, o que poderia ser comparado ao ninho, ao sol, à noite e ao frio?

Após a discussão em grupo e a apresentação das conclusões, projetar ou expor as imagens a respeito da violência na sociedade atual e promover o item *Atividade* a seguir.

## ATIVIDADE

Com a turma, você pode observar as imagens que retratam os perigos e as agressões encontrados na sociedade. Enquanto elas são observadas, pode ser iniciado um debate com base nestes aspectos:

- Quais as causas que fazem surgir situações de violência, dor e morte?
- As causas estão no íntimo das pessoas ou estão na sociedade?
- O que as tradições religiosas ensinam sobre a libertação e a transformação da pessoa e do mundo?
- O que isso tem a ver com a liberdade?

## PARA CASA

Gravar entrevistas com pessoas de várias idades sobre o que consideram mais importante em suas vidas.

# 3.2. O labirinto de espelhos

## OBJETIVO

Refletir sobre o consumismo, o individualismo e a competição, que a sociedade apresenta como se fossem valores capazes de tornar a pessoa feliz.

## MATERIAL

Resultado das entrevistas sobre os valores mais importantes na vida das pessoas.

Para que serve o espelho senão para a pessoa admirar a si mesma?

Você se preocupa muito com sua autoimagem diante de colegas ou com o risco de não estar à altura dos padrões de sua turma?

### DIÓGENES E O SOL

Diógenes, um sábio da Grécia antiga, compreendeu que existem valores capazes de tornar as pessoas nobres e estimadas. Para isso, não é preciso competir, aparentar uma imagem irreal de si nem se preocupar com títulos e honrarias, porque tais valores são falsos.

O sábio foi radical naquilo que quis ensinar a seus concidadãos. Deixou tudo o que possuía e foi viver fora dos muros da cidade, como um mendigo. Chegou a habitar dentro de um barril, à semelhança de um cão, em protesto contra o luxo das vestes e das casas daqueles que ostentavam importância na sociedade e desprezavam os humildes.

Um dia, o próprio rei, ao passar pela porta da cidade, parou diante do filósofo e perguntou-lhe:

– Você é o famoso Diógenes?

– Sim, majestade. Sou Diógenes, um simples cidadão do mundo.

– Pois eu sou o governante do mundo. O que posso fazer por você?

– Bem, está muito frio, majestade. Se quer fazer algo por mim, saia da frente do Sol que me aquece.

## A AUTOESTIMA É NECESSÁRIA, O LABIRINTO É PERIGOSO

O ser humano procura crescer e realizar-se. Mas todos nós corremos riscos de querer ser mais importantes do que os outros (ou aparentar que o somos), para que nos admirem e elogiem ou simplesmente nos aceitem.

Todos nós precisamos ter autoestima, isto é, reconhecer nosso próprio valor e capacidade. Porém, quando a valorização de nós mesmos se torna o objetivo principal das opções e atitudes, passamos a ser individualistas, egoístas e até mesquinhos ou cruéis.

Podemos cair em uma armadilha semelhante a um labirinto de espelhos. Quando os nossos objetivos se voltam só para nós mesmos, prendemo-nos tanto aos nossos interesses, exigências e necessidades, que começamos a ver as pessoas como rivais, ou as utilizamos em nosso próprio benefício e elas acabam por se afastar. Ficamos sozinhos no labirinto e perdemos a direção da saída.

A sociedade faz propostas de felicidade por meio do consumismo: se você possuir este ou aquele produto, será uma pessoa admirada e respeitada. Mas isso acontece de fato?

## A CANA E O CARVALHO

Em meio a um campo havia um grande carvalho e, ao lado, um pé de cana-de--açúcar que ali nascera por acaso. Eram as únicas plantas naquela planície, e o carvalho, orgulhoso, sentia prazer em humilhar a cana.

– Como você é frágil! Nem um pássaro pode pousar em suas folhas.

– É verdade. Eu sou frágil, mas o meu açúcar pode dar energia a muita gente.

– De que adianta, se para virar açúcar você precisa ser cortada? Eu estou aqui há dezenas de anos e tenho muito a oferecer: as aves, por exemplo, dormem em meus galhos, protegidas do vento e da chuva.

– Bem, eu também não temo o vento. Meu caule é flexível. Posso dobrar-me para todos os lados, acompanhando seu sopro, e não corro o risco de ser quebrada.

Assim passavam os dias, a cana, convencida de seu valor e o carvalho a considerá-la insignificante.

Certa noite, uma imensa tempestade varreu o campo. Na completa escuridão, o vento furioso dobrava a cana para todos os lados, mas ela resistia e inclinava-se até a terra para não ser quebrada. Quando tudo cessou, cansada da batalha com o vento, permaneceu deitada no chão até que o dia clareasse.

De manhã, estranhando o silêncio dos passarinhos, a cana começou a se levantar lentamente, para voltar à posição vertical. Surpresa, viu o carvalho tombado, com as raízes para fora da terra.

Fábula popular da França

Organizar a turma em dois grupos. Cada um deles lerá um dos textos – *Diógenes e o Sol* e *A cana e o carvalho* – e escolherá um modo artístico de apresentá-lo.

Antes da apresentação, cada grupo deverá elaborar, em uma frase, a mensagem central do texto.

A apresentação deverá ser concluída com o destaque da mensagem central.

A seguir, lançar um debate sobre as questões do item *Atividade*.

## ATIVIDADE

Não economize sua criatividade. Ajude seu grupo a elaborar em uma frase a principal mensagem do texto. Em seguida, vocês podem transformar a narrativa em uma atraente dramatização que deixe essa mensagem bem clara.

Após as apresentações, você pode refletir e dialogar sobre estas questões:

- Que valores estão em alta entre os jovens e quais são considerados fora de moda?
- As pessoas se revelam como são ou se escondem atrás de falsas imagens?
- Você se sente feliz quando segue os padrões e o modo de viver, vestir ou falar da moda do momento?
- Em seu modo de pensar, há valores coerentes na cultura atual? E há outros incoerentes?
- Por que você os classifica em uma ou outra categoria?
- Na sua opinião é real o fato de que certas pessoas, para se sentirem importantes, desprezam as outras? Por que isso acontece?
- Existe liberdade em relação a certas exigências sociais de comportamento, moda, identificação com um grupo e outras? Como defini-la?
- Na sua opinião, o que a liberdade tem a ver com a dimensão transcendente da vida humana?

# A SABEDORIA DO TAOÍSMO

Cedei e tornai-vos tudo,
curvai-vos e sede direitos.

Esvaziai-vos e sede plenos,
esgotai-vos e sede regenerados.

As pequenas quantidades são adequadas,
as grandes quantidades são embaraçosas.

Assim, o sábio abraça a unidade do Tao
e torna-se um modelo para o mundo.

Ele não faz de si mesmo o objeto de sua atenção
e, assim, ele brilha.

Ele nada pretende
e, assim, nele se tem confiança.

Ele não rivaliza com ninguém
e, assim, ninguém pode rivalizar com ele.

Se sois totalmente íntegros,
todas as coisas virão a vós.

Lao-Tsé, sábio chinês fundador do Taoísmo,
que viveu há 2.600 anos.

## PARA CASA

Providenciar um caleidoscópio.

## GRANDELANCE

Convidar colegas que pertencem a diferentes tradições religiosas, escolher um tema de interesse de todos e fazer um painel sobre ele, apresentando a visão de cada uma das tradições.

# 3.3. Por detrás do caleidoscópio

## OBJETIVO

Compreender que as sensações causadas pelos entorpecentes podem parecer fascinantes, mas escondem uma realidade de morte e destruição.

## MATERIAL

Um caleidoscópio.

O caleidoscópio é um aparelho simples, mas surpreendente. Olha-se por um pequeno tubo escuro e se vê, lá no fundo, uma fantástica combinação de cores, movimentos e formatos que se sucedem, sem nunca se repetir. É o efeito de numerosos fragmentos de vidro colorido, refletidos em espelhos. Conforme gira o tubo, formam-se novas figuras.

O problema do caleidoscópio é que, para ver as imagens com um dos olhos, é preciso manter o outro olho fechado e concentrar-se no tubo escuro. Ele esconde tudo o mais que está à volta. De certa forma, isola a pessoa do mundo ao redor e a concentra somente nas imagens coloridas.

### INICIAÇÃO NO CONHECIMENTO SECRETO

Plantas entorpecentes e alucinógenas são conhecidas há milhares de anos pelas culturas tradicionais e sempre foram reservadas aos iniciados no conhecimento secreto. Os xamãs, adivinhos, curandeiros e pajés as utilizam em doses controladas, nos rituais sagrados e no tratamento de doenças.

Muitos povos indígenas utilizam substâncias alucinógenas para fins ritualísticos e religiosos.

Quando pessoas sem conhecimento adequado passaram a usar drogas com o objetivo de conhecer as sensações e experiências que elas proporcionavam, o efeito foi incontrolável e as plantas sagradas, desvinculadas das culturas tradicionais, perderam a dimensão religiosa e terapêutica e se tornaram ameaçadoras e perigosas.

## TENTÁCULOS DO MONSTRO INVISÍVEL

O efeito das drogas pode trazer uma sensação agradável, num primeiro momento, mas por trás delas esconde-se uma rede imensa de morte. A ambição econômica move pessoas poderosas a manter sistemas de produção e comercialização de drogas que movimentam bilhões de dólares por ano, valor que fica na mão de poucos.

Em regiões pobres do planeta, como alguns países da América Latina e da Ásia, as populações cultivam as plantas usadas para a produção de drogas, como a maconha, a papoula e a coca, e as vendem por preço baixo, porque esse é o único meio que têm de sobreviver. Muitas pessoas são semiescravizadas nas lavouras e o lucro da venda vai para o proprietário da plantação. As plantas recebem tratamentos químicos e passam a valer mais do que o ouro.

Milhões de crianças, adolescentes e jovens são escravizados e mortos no cultivo, na preparação, no tráfico e na distribuição de drogas.

Deixar que todos experimentem o caleidoscópio.

A seguir, desenvolver as sugestões do item *Atividade*.

## ATIVIDADE

Após ter admirado o efeito do caleidoscópio, você pode se unir ao grupo e ler os textos *Iniciação no conhecimento secreto* e *Tentáculos do monstro invisível*.

Depois da leitura e dos comentários que os textos despertarem, você pode dar sua opinião sobre questões atuais:

- O que os jovens esperam encontrar nas sensações fortes que as drogas proporcionam?

- O caleidoscópio pode servir como símbolo de outras experiências que podem satisfazer as aspirações dos jovens sem os prejudicar?

Seu grupo pode comunicar para a turma as conclusões do diálogo.

Em seguida, pode ser redigido um compromisso ou um manifesto que traga as conclusões a que a turma chegou.

## HINO PERSA A AHURA MASDRA

Quem traçou o caminho ao sol e às estrelas?
O mesmo que primeiro encheu de luz
os espaços bem-aventurados.
Foi ele quem por sua força criou a justiça
que regula a consciência das pessoas.
Tu as assistes, ó amigo, ó sábio.
Ó, primeiro e último.
Tu és o pai do bom pensamento, ó amigo, ó sábio.
O criador do amor, o senhor dos atos da existência.

Escritos de Zaratustra, fundador do Zoroastrismo
na Pérsia, há 3.400 anos.

## PARA CASA

Você pode escolher um valor, como justiça, sinceridade, paz, compaixão ou outro. Depois pode pesquisar e descobrir de que modo esse valor é ensinado pelas diversas tradições religiosas.

## GRANDELANCE

Selecionar músicas que tratam da condição das pessoas no submundo das drogas. Refletir a respeito disso.

# 3.4. O sonho de reinaugurar o mundo

## OBJETIVO

Tomar consciência da capacidade e da liberdade de direcionar a própria vida sob a luz de valores transcendentes e agir de modo diferente das sugestões frustrantes que a sociedade oferece.

## MATERIAL

O resultado da pesquisa sobre valores e o que eles significam para as diversas tradições religiosas. Material de desenho, pintura, colagem etc. Um grande mapa-múndi ou globo terrestre desenhado em papel pardo ou outro.

Você e sua turma se consideram diferentes?

O que significa ser diferente? Esse desejo não será sinal de uma insatisfação com a sociedade, com o mundo e com sua condição de vida atual?

É a insatisfação que nos impulsiona a protestar contra situações em que há desrespeito e agressão, a reinventar a vida de um jeito mais coerente, mais justo e mais humanizado e feliz.

### NOSSA FORÇA ESTÁ LÁ NO CÉU

Assim diz um professor indígena de Minas Gerais:

"Estamos recriando alguns mitos para os escrever. Eu acho que cada povo tem que ter a sua religião e o seu Deus. Então, nós temos que buscar a nossa sabedoria. E para buscar a sabedoria é preciso buscar o nosso Deus. Deus está presente em qualquer lugar. Onde a gente o invoca ele está.

A gente sempre pensa em juntos buscar força porque a nossa força está lá no céu. Nós fomos muito dominados. Chegaram aqui outras culturas e outras religiões e nós fomos obrigados a aceitar. Mas hoje nós temos liberdade para pensar, para falar e para sentir o que nós queremos. Antes nós não tínhamos essa oportunidade.

Desde o tempo de criança eu procuro aprender com meus pais, avós e parentes. Isso eu vou buscar. Vou resgatar para mostrar quem é o Pataxó. É essa nossa força que nós estamos buscando. Eu acho que nós, tendo Deus para nos segurar nesta terra, o Deus do mundo para trazer a nossa sabedoria; nós, tendo a nossa caça, a nossa água pura, a nossa vida, as nossas crianças, isso é que é vida para nós".

Kanatyo Pataxó, aldeia Pataxó de Minas Gerais.
*Escola indígena:* índios de Minas Gerais recriam sua educação.
Governo do estado de Minas Gerais, 2000. pp. 75-76.

## TRANSFORMAR O MUNDO, COMPROMISSO SAGRADO

Criando uma rádio comunitária,
estes jovens prestam serviços à comunidade em que vivem.

Os grandes líderes religiosos, ao verem a falta de humanização das sociedades nas quais viveram, propuseram utopias e sonhos de um mundo diferente, e por essa causa deram suas vidas.

- Buda começou a longa procura da verdade quando se confrontou com o mistério da dor e da morte e quis entender o motivo de haver idosos e doentes abandonados.
- Zoroastro compreendeu que as doenças e a morte de tantas pessoas podiam ser evitadas com a educação, a mudança de costumes e o fim da ignorância, dos tabus e dos temores que oprimiam o povo persa.
- Moisés conduziu os israelitas para longe da injustiça e da escravidão que sofriam no Egito.
- Maomé ensinou aos muçulmanos a solidariedade e a partilha, que transformam as situações de desigualdade e miséria em possibilidade de vida para todos.
- Jesus Cristo ensinou a justiça, a partilha e resgatou a dignidade dos que eram desprezados na sociedade judaica.
- O líder negro Zumbi de Palmares morreu na luta em defesa da liberdade dos fugitivos da escravidão no Brasil.

## MANIFESTO PELA VIDA

Assumido como compromisso para o Terceiro Milênio pelo Fórum de Ministros do Meio Ambiente da América Latina e do Caribe, realizado em São Paulo (SP) em 2002, o *Manifesto pela vida* reconhece como fundamento da sustentabilidade da vida na Terra o resgate das culturas, espiritualidades e saberes de todos os povos. Veja alguns destaques:

41. A ética da sustentabilidade acolhe a diversidade de visões e saberes e contesta todas as formas de dominação, discriminação e exclusão de identidades culturais. Uma ética da diversidade cultural implica a pedagogia da alteridade para aprender a escutar outras racionalizações e outros sentimentos. Essa alteridade inclui a espiritualidade das populações indígenas, seus conhecimentos ancestrais e suas práticas tradicionais, como uma contribuição fundamental da diversidade cultural à sustentabilidade humana global [...].

43. Nas cosmovisões dos povos indígenas e afrodescendentes, assim como de muitas comunidades campesinas, a natureza e a sociedade estão integradas dentro de um *sistema biocultural*, cuja organização social, práticas produtivas, religião, espiritualidade e palavra constituem um *ethos* que define seus estilos próprios de vida [...].

52. A ética da sustentabilidade se nutre do ser cultural dos povos, de suas formas de saber, da permanência de seus saberes em suas identidades e da circulação de saberes no tempo. Estes legados culturais são os que hoje abrem a história e permitem a emergência do novo através do diálogo intercultural e transgeracional de saberes, fertilizando os caminhos para um futuro sustentável.

Acesso ao texto integral em: <www.recea.org.br/acervo/arquivos/manifesto_pela_vida.pdf>.

Pedir aos estudantes que apresentem os resultados das pesquisas e anotar no quadro os valores mais citados.

Promover a leitura dos textos: *Nossa força está lá no céu*, *Transformar o mundo, compromisso sagrado* e *Manifesto pela vida*.

Deixar que a turma comente os pontos de convergência encontrados entre os valores escritos no quadro e os que aparecem implicitamente nos textos lidos.

Expor o painel com o desenho e organizar pequenos grupos. Cada um trabalhará com um dos valores escritos no quadro.

Desenvolver a sugestão do item *Atividade*.

## ATIVIDADE

Depois de ter apresentado à turma o resultado de sua pesquisa e encontrado semelhanças entre ela e os textos que foram lidos, você pode se reunir com um pequeno grupo.

A partir do título *O sonho de reorganizar o mundo*, o grupo poderá conversar sobre o valor que recebeu e refletir: de que forma este valor pode contribuir na melhoria da sociedade atual?

Após ter chegado a algumas conclusões, o grupo irá até o painel do mapa-múndi e acrescentará o que achar importante, por meio de pintura, desenho ou colagem.

## A POESIA DA VIDA

### REINVENÇÃO

Anda o Sol pelas campinas
e passeia a mão dourada
pelas águas, pelas folhas...
Ah! Tudo bolhas
que vêm de fundas piscinas
de ilusionismo... mais nada.

Mas a vida, a vida, a vida,
a vida só é possível reinventada.

Vem a lua, vem, retira
as algemas dos meus braços.
Projeto-me por espaços
cheios de tua figura.
Tudo mentira! Mentira
da lua na noite escura.

Não te encontro, não te alcanço...
Só – no tempo equilibrada,
desprendo-me do balanço
que além do tempo me leva.
Só – na treva, fico: recebida e dada.

Porque a vida, a vida, a vida,
a vida só é possível reinventada.

Meireles, Cecília. *Flor de poemas.*
4. ed. Rio de Janeiro: Nova Fronteira, 1972.

## **GRANDE**LANCE

Organizar uma visita da turma a uma instituição de crianças, idosos, doentes, carentes etc.

Apresentar brincadeiras, peças de teatro, cantos ou instrumentos musicais para alegrar as pessoas.

UNIDADE 4

# Decisão de ser feliz

**Objetivo** Refletir a respeito de atitudes da convivência capazes de transformar a realidade, à luz dos valores sagrados que as tradições religiosas ensinam.

# 4.1. O machado de ouro

## OBJETIVO

Perceber as possibilidades de opção que a vida oferece e o valor das escolhas coerentes no caminho para a maturidade e a felicidade.

Você toma decisões justas e coerentes, mesmo quando seria fácil partir para escolhas pouco éticas e muito vantajosas?

A cada momento, precisamos nos decidir por alguma coisa. Mas nem sempre é fácil, porque a liberdade é limitada por vários fatores.

Na sociedade atual, temos dezenas de convites e escolhas que nos atraem, mas é preciso tomar decisões coerentes com os valores nos quais acreditamos.

## HERMES E O LENHADOR

Um lenhador habitava uma cabana no bosque e trabalhava arduamente para sustentar a família. Todos os dias, rachava os galhos secos que caíam das árvores e vendia a lenha na aldeia.

Certa vez, ao caminhar à margem de um rio profundo, o lenhador se descuidou do machado, que lhe escorregou da mão e afundou nas águas escuras. O pobre homem, considerando seu instrumento de trabalho perdido para sempre, sentou-se desolado, pois dele dependia o sustento de seus filhos.

Um peregrino que passava por ali perguntou ao lenhador o motivo de tamanha tristeza, ao que ele respondeu: "Meu machado caiu na água e o rio é profundo. Eu não tenho outro nem posso comprar um novo".

Imediatamente o peregrino mergulhou e em poucos minutos emergiu trazendo nas mãos um machado de prata. Perguntou então ao lenhador: "É este seu machado?". "Não, meu machado não é de prata", respondeu ele admirado.

Outra vez o peregrino lançou-se à água e voltou com um machado de ouro, fazendo a mesma pergunta. O lenhador repetiu a negação: "Não, meu machado não é de ouro". Por fim, no terceiro mergulho, o misterioso personagem voltou com o velho machado de ferro, já enferrujado pelo tempo e gasto pelo uso. O homem, ao ver recuperado seu instrumento de trabalho, respondeu pela terceira vez à mesma pergunta: "Sim, é este o meu machado!".

O peregrino então se revelou. Era o deus grego Hermes. Elogiando a honestidade do lenhador, deixou em suas mãos os três machados e desapareceu.

Fábulas de Esopo – Grécia antiga

## RISCO E LIBERDADE

Além da fábula do lenhador, há muitos outros textos religiosos e literários cujo objetivo é ajudar as pessoas a refletir sobre sentimentos e opções possíveis e coerentes.

- O jovem Ícaro ignorou o conselho do pai, que para livrar-se do labirinto fizera para ele asas coladas com cera. O rapaz, fascinado pela aventura de voar, aproximou-se muito do Sol. As asas derreteram e ele caiu no mar. O pai chorou inconsolável, pois não esperava do filho tal atitude inconsequente.
- Narciso, outro jovem grego, vivia obcecado pela beleza e tanto contemplou o próprio rosto refletido na água de um lago que acabou por cair e se afogar.

As fábulas gregas e relatos semelhantes em outras culturas existem há milhares de anos e nunca se desatualizam. Assemelham-se a espelhos porque retratam os sentimentos e o comportamento das pessoas.

Reprodução da estátua da deusa Palas Atena, que enriquecia a decoração do Partenon.

Após a leitura dos textos *Hermes e o lenhador* e *Risco e liberdade*, deixar que os alunos conversem a respeito das questões:

- O que poderia ter acontecido se o lenhador mentisse ao deus Hermes em relação ao machado?
- O lenhador tomou uma decisão coerente antes de saber que seria recompensado. O que essa atitude faz pensar?

- O que teria levado o deus Hermes a solidarizar-se com o aflito lenhador? Uma atitude assim é possível só aos deuses ou também aos humanos?

Após o diálogo, organizar grupos e desenvolver as sugestões do item *Atividade*.

## ATIVIDADE

Depois do diálogo com a turma a respeito da fábula do machado de ouro, você pode pesquisar com seu grupo sobre outras fábulas e contos de tradições religiosas orais ou escritas. O grupo, então, pode:

- identificar os principais ensinamentos de cada texto encontrado;
- escolher um dos textos e reelaborá-lo, usando personagens e realidades atuais, sem no entanto mudar os ensinamentos que o texto sugere;
- apresentar a nova versão para a turma em forma de drama, poema, teatro de sombra, mímica, música, coreografia ou outras.

## ESPIRITUALIDADE JUDAICA

### BÊNÇÃO DE GUEULÁ (REDENÇÃO)

Verdadeira, certa, fundada, correta, justa e fiel,
amada, excelente, poderosa, perfeita, boa e bela
é a Palavra de Deus para nós,
eternamente e para sempre.

É verdadeira e fiel,
é um preceito que não passará.
É verdade que tu és o Senhor nosso Deus.
Nas regiões celestes está a tua morada,
mas a tua justiça chega ao extremo da terra.

Feliz é quem escuta os teus preceitos
e tem a tua palavra no coração!

Texto do Talmud, tradição mística judaica.

## PARA CASA

Durante a semana você pode escolher uma das opções abaixo e escrever sobre:

- uma situação na qual optou por cuidar de alguém que precisava de ajuda;

- um momento difícil que enfrentou e alguém o ajudou.

Pode também refletir e anotar:

- o que você admira na religião que você melhor conhece, em relação à prática do cuidado (solidariedade, justiça, partilha, educação, lazer, respeito, igualdade etc).

## GRANDELANCE

Pesquisar fábulas e histórias das tradições religiosas que ajudem a refletir sobre a realidade atual. Preparar, com base nelas, textos escritos, dramatizações, danças, canções etc.

# 4.2. O segredo dos potes de mel

## OBJETIVO

Refletir acerca da justiça, da partilha e do cuidado de umas pessoas pelas outras, como ensinamentos das religiões e chaves de transformação para o mundo.

## MATERIAL

Os relatos escritos e assinados de experiências de cuidado já vividas por cada um. Resultado da reflexão sobre o cuidado do outro na prática das religiões.

Você sabia que muitos adolescentes e jovens participam de atividades voluntárias em favor dos mais necessitados?

Já observou quantas pessoas precisam de ajuda e de uma presença amiga?

Imagine o quanto o mundo seria diferente se a justiça, a solidariedade e a partilha dos bens essenciais para a vida inspirassem o comportamento social!

### UM SEGREDO CONFIADO A DEUS

Dois irmãos nasceram em uma propriedade rural. O pai era apicultor e as pessoas vinham de longe comprar o mel puro de suas colmeias.

Ao passarem os anos, os pais morreram e os irmãos continuaram a cuidar das abelhas e cultivar árvores e flores nas quais elas encontravam o néctar. Os potes de mel eram repartidos em partes iguais e cada um vendia os seus quando e da forma que quisesse.

Um deles casou-se e teve muitos filhos. O outro permaneceu solteiro, construiu uma cabana e continuou a morar ao lado da família do irmão. Os dois trabalhavam juntos durante o dia e, à noite, cada um ia para a própria casa.

O irmão que era casado pensava: "Sinto-me cansado, mas estou tranquilo, sei que meus filhos cuidarão de mim quando eu envelhecer. E meu irmão? Ele trabalha tanto quanto eu, mas talvez não tenha quem cuide dele quando precisar. Ele precisa ter uma reserva de mel que garanta os anos de sua velhice". Pensando assim, o apicultor levantava-se silenciosamente, ia ate o depósito de mel, retirava alguns potes dos que lhe pertenciam e os colocava entre os do outro.

O apicultor solteiro, descansando em seu leito, pensava: "Meu irmão e eu trabalhamos juntos todos os dias, mas eu estou tranquilo porque não tenho filhos para sustentar. Não é justo que eu receba a mesma parte que ele na produção de mel. Ele precisa mais do que eu". Assim pensando, ia até o local onde estava o mel e, no silêncio da madrugada, transferia alguns potes dos seus para os do irmão.

Todas as manhãs, quando abriam o depósito, os dois irmãos admirados faziam a mesma prece: "Ó, Deus, todas as noites acontece um milagre e as pilhas ficam sempre iguais. Assim o meu irmão não sabe que eu passo alguns potes de mel de minha parte para a dele. É um segredo entre mim e o senhor".

## PALAVRA MODERNA, ATITUDE PERENE

Restaurante popular serve refeições à população carente.

Cuidar do outro é uma expressão moderna. Nos últimos tempos, as pessoas têm se tornado sempre mais sensíveis às desigualdades sociais, às injustiças, à violação dos direitos humanos e ao desrespeito pela vida de todas as criaturas.

Surgem sempre novas organizações dedicadas à ação de superar situações de injustiça e até de destruição e morte, procurando reinventar a vida onde ela sofre ameaça.

E o termo "perene"? Você sabe o que significa? Refere-se a atitudes que jamais acabarão. Serão atuais em qualquer tempo ou cultura, pois as pessoas precisam do cuidado umas das outras para viver.

As tradições religiosas ensinam atitudes perenes: compaixão, fraternidade, caridade, amor, solidariedade e outras. Ao longo dos séculos, muitas injustiças foram cometidas por pessoas que interpretaram mal os ensinamentos sagrados. Inclusive as próprias religiões mantiveram preconceitos e rivalidades umas pelas outras.

Atualmente, porém, as tradições religiosas procuram cultivar o respeito mútuo e o sentimento comum, como se o planeta fosse uma grande casa construída por Deus para todos os seres vivos, seus filhos e filhas.

O cuidado pelo outro, seja ele uma pessoa ou qualquer outra criatura, é uma atitude que nos torna plenamente humanos e, por isso, capazes de compreender o significado sagrado e transcendente da vida e por ele optar.

Promover a leitura dos textos *Um segredo confiado a Deus* e *Palavra moderna, atitude perene*.

Deixar que os estudantes comentem tudo o que os textos fazem lembrar e citem ações que podem estar contidas no termo "cuidar".

A seguir, solicitar que apresentem os resultados da reflexão sobre o que mais admiram na religião que conhecem em relação à prática do cuidado.

Por fim, recolher os relatos escritos sobre os fatos da vida e redistribuí-los aleatoriamente. Depois, desenvolver a sugestão do item *Atividade*.

## ATIVIDADE

Com a turma reunida, você pode apresentar suas conclusões sobre o que admira na religião que mais conhece.

Depois, serão trocados os relatos das experiências de cuidado escritas em casa e assinadas. O objetivo é que ninguém comunique o próprio relato, mas o de um colega.

Você pode ler o relato que recebeu e narrá-lo à turma com todos os detalhes que o texto lhe fez imaginar.

Conforme são narrados os fatos, a turma deverá descobrir quem é o verdadeiro autor daquele relato.

## TEXTO SAGRADO CRISTÃO

### A FELICIDADE PODE SER ENCONTRADA

Felizes as pessoas humildes,
pois receberão o que Deus tem prometido.
Felizes as pessoas que têm fome e sede de fazer a vontade de Deus,
pois ele as deixará completamente satisfeitas.
Felizes as pessoas que têm misericórdia dos outros,

pois Deus terá misericórdia delas.
Felizes as pessoas que têm o coração puro,
pois elas verão a Deus.
Felizes as pessoas que trabalham pela paz,
pois Deus as tratará como seus filhos.

*Bíblia Sagrada*. Nova tradução na linguagem de hoje.
Evangelho de Mateus 5,5-9. São Paulo: Sociedade Bíblica do Brasil, 2008.

## PARA CASA

Entrevistar pessoas ou pesquisar em textos sagrados de diferentes tradições religiosas e descobrir a importância dada à amizade.

## GRANDE LANCE

Assistir ao filme *Encontrando Forrester* (Direção: Gus Van Sant. EUA, 2000.)

Um velho escritor deprimido e solitário descobre a alegria da amizade e do cuidado por alguém quando se engaja na luta contra os preconceitos e as injustiças que impedem o caminho literário de um talentoso jovem negro.

# 4.3. O valor de um suspiro

## OBJETIVO

Refletir acerca do significado da amizade que se realiza em cuidar da vida e em servir com alegria. Conhecer um conto judaico.

## MATERIAL

O resultado das entrevistas ou das pesquisas sobre a importância da amizade nas tradições religiosas.

Você já pensou em seus talentos e qualidades? Já experimentou fazer um favor, prestar uma ajuda ou um serviço a alguém? O que sentiu?

Ajudar sem esperar nada em troca é uma capacidade humana que se pode transformar em caminho para uma felicidade duradoura e transcendente, isto é, perene.

### O CONSELHO DO RABINO

Um conto judaico medieval diz que um sapateiro confiou sua tristeza ao rabino:

– Meus fregueses são pobres. Deixam os calçados comigo no fim do dia e na manhã seguinte devem tê-los consertados para irem trabalhar. Assim, eu não posso fazer a oração da manhã.

– Como você tem feito até agora? – perguntou o rabino.

– Faço a oração rapidamente, ou passa a hora e eu não consigo rezar.

– E como você se sente quando isso acontece?

– Tenho uma sensação de saudades de Deus. Enquanto manejo as ferramentas e o couro, penso no quanto ficaria feliz em ter nas mãos o livro de orações. É como se ouvisse meu coração suspirar.

– Se eu fosse Deus valorizaria muito mais esse suspiro do que um livro inteiro de orações! – concluiu o rabino.

Tradição oral do Judaísmo.

As tradições religiosas aproximam o serviço alegre e generoso do verdadeiro amor. Ensinam que ajudar é uma forma real de amar. E somente o amor, traduzido em convivência pacífica, respeito, amizade, solidariedade e cuidado, conduz para a realização das maiores aspirações humanas e para uma vida feliz.

## A DECISÃO DO SOLDADO

Em uma frente de batalha, houve um confronto violento entre forças inimigas. Muitos soldados morreram e os feridos foram para hospital de campanha, distante vários quilômetros.

Naquela noite, o comandante estava sentado na tenda, preocupado com as baixas na tropa, quando viu um vulto que se aproximava com dificuldade. Abriu a porta e deparou com um soldado pálido, que lhe fez um pedido inesperado:

– Comandante, peço permissão para voltar ao local da batalha.

– Por que deseja voltar?

– Vou procurar meu amigo que não está entre os feridos.

– Se não está é porque morreu no campo, e se você for procurá-lo morrerá também.

O jovem saiu em silêncio e no outro dia não foi encontrado em seu leito na enfermaria. Colegas foram procurá-lo e, ao vê-lo de volta, o comandante o advertiu:

– Não lhe disse que se arriscaria inutilmente? Seu amigo com certeza está morto.

– Sim, senhor. Está morto, mas quando cheguei junto dele de madrugada estava agonizando, e, ao ouvir minha voz, conseguiu dizer: "Eu tinha certeza de que você viria!".

Relato oral das nações da Europa que sofreram a Primeira Guerra Mundial.

Promover a leitura dos textos *O conselho do rabino* e *A decisão do soldado*.

Depois de serem feitos os comentários aos textos, sugerir que os alunos se concentrem por um tempo, pensem nas pessoas que conhecem e escrevam nomes de:

1. pessoas que na vida cotidiana agem à semelhança do sapateiro judeu;

2. pessoas que agiriam como o soldado, se fosse preciso.

Após todos terem escrito os nomes das pessoas, pedir que deixem o nome mais significativo de cada lista e apaguem os outros.

Se o grupo for grande, pode ser feita uma partilha em equipes sobre os sentimentos que a escolha despertou e os motivos da eleição de determinada pessoa para a questão 1 e de outra para a questão 2. Se a turma for pequena, a apresentação pode ser feita em plenário.

Enquanto os estudantes falam, anotar no quadro os valores que mais se evidenciam nas pessoas apresentadas.

Por fim, confrontar o que foi escrito no quadro com os resultados das entrevistas e pesquisas a respeito da amizade e propor as questões finais do item *Atividade*.

Concluir com a proposta de uma reflexão pessoal: "O que vale a pena levar para a vida a respeito da amizade?".

## ATIVIDADE

Após ter lido os textos e conversado com a turma a respeito deles, você pode pensar e escrever os nomes das pessoas que, na sua opinião, mais se aproximam das personagens dos dois textos.

Depois você pode apresentar para a turma as duas pessoas mais significativas e confrontar o testemunho delas com os resultados da entrevista ou pesquisa que fez a respeito da amizade nas tradições religiosas.

Após a apresentação, a turma pode dialogar:

- Quais opções podem ser feitas na adolescência para que a amizade ajude todos a crescer e a ser mais felizes?
- O que precisa ser reinventado na experiência de amizade?

## TEXTO SAGRADO EGÍPCIO

### ENCHES A TERRA COM TUA AMIZADE

Levanta-te com esplendor Aton vivo,
senhor da eternidade!
Grande e extensa é tua amizade
aos olhos de todas as criaturas.
Teu semblante se ilumina para alegrar os corações,
enches a terra com tua amizade.
És pai e mãe das criaturas. Todos se erguem para ti.
Quando brilhas, toda a terra está em festa.
Tu és o único deus inigualável.

Hino matinal a Aton, deus do Egito.
Escritos do faraó Akenaton (3.500 anos atrás).

### GRANDELANCE

Visitar comunidades de fé de várias tradições religiosas e conversar com as pessoas sobre os motivos que as levaram a optar pela religião.

# 4.4. A vida está à sua frente

## OBJETIVO

Compreender, exteriorizar e comunicar o significado da opção por levar em conta a dimensão sagrada da existência. Conhecer um conto africano.

Chegar ao fim de alguma coisa que se começou é sinal de maturidade.

Você está de parabéns! Concluir o longo período do Ensino Fundamental foi uma grande conquista.

Mas, ao mesmo tempo, este é um período de decisões, porque a vida está à sua frente, repleta de possibilidades e esperanças.

## A DECISÃO DE MUSEME

Conta a tradição oral do Zaire, na África, que um rei tribal tinha diversas esposas e muitos filhos. Dentre eles, Museme, que era desprezado pelos irmãos por ser filho da esposa mais humilde e silenciosa.

Certo dia, o rei foi acordado com o canto de um maravilhoso pássaro nunca antes visto por ali. Na mesma hora reuniu os jovens e ordenou: "Meus filhos, eu já estou velho e um de vocês irá me suceder no governo da aldeia. Nesta manhã eu vi o mais belo pássaro que jamais pensei que existisse na terra do meu povo. Aquele dentre vocês que me trouxer um pássaro destes será o meu sucessor".

Os jovens saíram correndo da aldeia e encontraram uma velha senhora desconhecida que, caída por terra, pedia ajuda. Nenhum deles quis perder tempo com ela e tomaram várias direções, à procura da ave. Só Museme parou, inclinou-se até o chão, ajudou-a a se levantar e a levou para a cabana de sua mãe.

Depois que a velhinha melhorou e soube do pedido do rei, chamou Museme e disse: "Eu sei de onde vem o pássaro. Pertence ao rei de uma grande aldeia que fica do outro lado da grande floresta. Ele dará uma ave para a pessoa que demonstrar conhecer o nome secreto da espécie". Dito isto, segredou o nome ao ouvido de Museme.

O jovem saiu, atravessou a densa floresta e muitos dias depois encontrou a aldeia, onde contou ao rei o motivo de sua visita. Ao pronunciar o nome secreto da espécie da ave, o rei acreditou nele e o presenteou com uma delas.

Assim, Museme voltou feliz para casa e entregou ao pai a prova de sua coragem e lealdade. Passados alguns anos, o velho rei, no leito de morte, antes de passar o poder para o filho, segredou-lhe no ouvido: "Fui eu que combinei tudo com o chefe da tribo vizinha e com a sábia anciã daquele povo. Eu queria provar qual de meus filhos teria a compaixão e a humanidade necessárias para governar com justiça. Agora, não temo deixar a aldeia em suas mãos".

Promover a leitura do texto *A decisão de Museme.*

Pedir aos alunos que identifiquem os elementos do conto e a seguir façam analogias com o ano de estudo que está sendo encerrado:

No Ensino Religioso, o que pode ser comparado:

- Ao canto da ave rara e desconhecida?
- Ao fascínio do rei pela ave?
- Ao pedido e à promessa do rei aos filhos?
- À decisão de Museme de perder tempo com a pessoa que dele precisava?
- À revelação da anciã?
- À densa floresta a ser atravessada?
- Ao nome secreto das aves?
- À surpresa de Museme ao saber do segredo do pai.
- A outros...

Depois do diálogo, deixar um tempo de silêncio para que os estudantes reflitam sobre as questões do item *Atividade.*

## ATIVIDADE

Por algum tempo, você pode refletir:

- O que significou para mim o estudo de Ensino Religioso?
- Algo vai ficar para sempre em minha memória?
- De que forma penso assumir a dimensão sagrada de minha vida?

# TEXTO SAGRADO BABILÔNICO

## DIÁLOGO DE UM JOVEM COM SEU DEUS

Meu Senhor, eu pensei na minha vida e nos meus sentimentos.
Olhei para o meu coração e perguntei:
Cometi algum pecado?
Fiz o mal? Não sei.
Irmão não menospreza irmão
nem amigo calunia amigo.

Sou o teu Deus, a tua confiança.
Os meus guardas são fortes e atentos ao teu lado.
O campo se abrirá para ti como um refúgio.
Zelarei para que tenhas uma vida longa:
para que unjas os queimados,
alimentes os famintos,
e dês água aos sequiosos.
Então o portão da vida se abrirá para ti.
Partindo, aproximando-te, entrando e saindo,
tu estarás sempre bem.

Manuscrito de Akkad,
dedicado ao deus Marduk da Babilônia, datado de 4.000 anos.

# Avaliação periódica

Recordar como foram feitas as avaliações, tanto nos anos anteriores como durante este ano.

Escolher a forma de avaliação mais adequada e que mais ajude a expressar o conhecimento adquirido e as vivências significativas.

## AVALIAR

- a participação de cada aluno;
- as atitudes que cada um conseguiu viver;
- quais as atitudes concretas que a turma conseguiu assumir;
- quais as atividades que mais agradaram;
- quais as atividades que não funcionaram e por quê;
- se houve momentos de desinteresse geral, desordem, confusão;
- quais os motivos das desordens;
- como cada um se sentiu na turma;
- como a turma sentiu a presença do educador.

## SÍNTESE DO ANO

Conversar:

- O que lembro de tudo o que conhecemos e dialogamos durante o ano?
- Como eu via a mim mesmo, a minha família, o mundo... no começo deste ano, e como vejo agora? Alguma coisa mudou?
- O conhecimento das tradições religiosas, do mundo e da vida, por meio das aulas de Ensino Religioso, ajudou-me a pensar no que poderei fazer no futuro em benefício da vida?
- A partir do que dialogamos, como poderíamos sintetizar a experiência deste ano?
- Quais as esperanças e expectativas para o Ensino Médio?

Caso não seja possível, não é preciso conversar sobre todas as sugestões acima. Podem ser escolhidas algumas que a classe considere mais importantes.

# Glossário

**Analogia** – semelhança, aproximação entre duas realidades. A palavra, em geral, refere-se ao uso de um fenômeno ou imagem que ajude a entender outra realidade.

**Budismo** – doutrina e prática religiosa fundada por Sidharta Gautama, um príncipe indiano que, ao chegar ao estado de iluminação e compreensão da vida humana e do transcendente, passou a ser chamado Buda, que significa "Iluminado".

**Comunidade de fé** – grupo de pessoas que se reúnem periodicamente em determinado local para celebrar a pertença a uma tradição religiosa e a uma fé comum. Na comunidade também se organiza a ação comunitária.

**Cristianismo** – doutrina e prática das Igrejas Cristãs, fundamentadas na vida, pregação, morte e ressurreição de Jesus Cristo, conforme o Segundo ou Novo Testamento.

**Culturas, sociedades ou religiões tradicionais** – sistemas de mitos, crenças, ritos, ética e valores conservados pela oralidade e responsáveis pela identidade de organizações sociais restritas, como tribos indígenas de todos os continentes. Sistemas de crenças e práticas que no passado determinaram culturas e organizações de grandes sociedades como: Xintoísmo, Taoísmo, Zoroastrismo, Bramanismo e outras.

**Divindade** – ser transcendente que está abaixo do Deus supremo, mas acima dos espíritos dos antepassados e dos mortais. A maioria das tradições religiosas escritas e orais crê em divindades intermediárias entre os mortais e o Criador do mundo. Nas tradições de origem africana, por exemplo, são os orixás.

**Entrar em comunhão** – termo usado em várias tradições religiosas orais e escritas para definir a relação da pessoa com o transcendente.

**Escritos sagrados** – rolos, livros, inscrições em pedras, em templos etc. que contêm doutrina, sabedoria e ética das tradições religiosas escritas. Alguns foram escritos pelos fundadores das respectivas tradições, outros são de autoria desconhecida, pois sua origem perde-se no tempo.

**Esotérico** – misterioso, reservado. O termo era usado na Antiguidade para os ritos de mistério, ligados à natureza, que poucos conheciam. Atualmente a palavra "esoterismo" define um movimento de reverência à natureza e a procura de sua dimensão sagrada.

**Espíritos** – algumas tradições religiosas do passado e de hoje creem nos espíritos dos antepassados. Outras creem também nos espíritos totêmicos, isto é, nos animais fortes e grandes que protegem a tribo ou o indivíduo.

**Espíritos dos antepassados** – pessoas já falecidas veneradas por suas famílias. Os descendentes acreditam que os espíritos dos antepassados, que vivem no mundo transcendente, podem protegê-los, ajudá-los e guiá-los. Usa-se também a expressão para falar de gerações passadas de modo geral, como antepassados do gênero humano.

**Espíritos maus ou demônios** – entidades presentes em várias tradições orais e escritas. São representados por figuras de animais ou de monstros grotescos e têm o objetivo de causar todo tipo de dificuldade à vida humana. Podem ser manipulados por meio de sortilégios e feitiçarias.

**Hierarquia** – sequência de importância ou de poder atribuídos a títulos, cargos, direitos, valores etc. ou a membros de um grupo, com graus sucessivos de poderes e responsabilidades. Em geral a palavra é usada em instituições como o exército, igrejas, empresas.

**Hinduísmo** – tradição religiosa da Índia, originada nos escritos sagrados Vedas. Professa a existência de Brahma, deus supremo e criador, e de várias divindades menores. Com o passar dos séculos, o Hinduísmo foi recebendo novas interpretações e formaram-se várias tradições, com alguns pontos divergentes entre si, mas essencialmente semelhantes, como, por exemplo, o Jainismo e o Budismo.

***Homo sapiens*** – expressão latina que significa "homem inteligente" e indica os seres humanos que viveram no último período da Pré-História, antes da invenção da escrita, há cerca de 6 mil anos, e deram origem aos nossos antepassados e a nós. Por isso nós também somos definidos como *Homo sapiens*.

**Imortalidade** – crença de que os deuses e espíritos não sofrem as consequências da morte material; os seres humanos também, ao morrerem, entram no mundo da imortalidade, como se a morte fosse uma porta de passagem.

**Iniciação** – ritos de sociedades tradicionais que marcam a passagem da infância para a idade adulta e tornam a pessoa plenamente participante dos direitos e deveres sociais e religiosos de seu grupo.

**Islamismo** – religião fundada pelo profeta Mohammad (Maomé), no início do século VII, na região da Arábia. A palavra *Islã*, em árabe, significa "submissão à vontade de

Allah". *Allah* significa "Deus" na língua árabe. Os seguidores dessa religião são chamados muçulmanos ou islamitas.

**Jainismo** – um dos ramos do Hinduísmo; acentua a vida sóbria e a reverência a toda forma de vida.

**Judaísmo** – tradição religiosa do povo de Israel, ou povo judeu, contida na Bíblia, no Talmud e em outros escritos rabínicos.

**Linhagem** – linha de parentesco, descendência, pertença a uma família, a uma tribo ou a uma etnia.

**Matriarca** – primeira mãe, mãe maior. Termo usado para designar a preponderância da autoridade materna ou feminina em algumas sociedades antigas. Refere-se também a algumas personagens bíblicas.

**Mistério –** algo secreto, desconhecido ou reservado; objeto de fé ou dogma religioso que é impenetrável à razão humana; o que não pode ser conhecido a não ser por revelação divina; ou ainda, o que é reservado ao conhecimento de poucos, como nas religiões mistéricas da Antiguidade grega e romana.

**Mitologia** – conhecimento dos mitos, que são histórias fantásticas cujos personagens são deuses, heróis, espíritos, elementos da natureza e seres humanos. Os mitos são uma linguagem simbólica que tenta responder as mais importantes perguntas humanas: a origem da vida e das coisas, o sentido e o destino da vida, o sentido da morte e do sofrimento e o que existe após a morte.

**Mitos da criação** – relatos de como o Deus Criador ou os deuses criaram o universo e a humanidade. As tradições orais e escritas têm seus relatos que variam em detalhes, mas assemelham-se muito no conteúdo essencial.

**Orixás** – do ioruba *ori*, que significa "cabeça". Entidades das tradições religiosas africanas e afrodescendentes. Segundo as tradições orais do povo Ioruba, os orixás são divindades criadas por Olorum – o Deus supremo. Em algumas tradições, representam ou personificam as forças e elementos da natureza: água, fogo, trovão, raio, árvores, matas etc.

**Patriarca** – primeiro pai ou pai maior; chefe de uma grande família, entre os povos antigos, em cuja organização social o pai exerce autoridade preponderante. Termo usado para definir algumas personagens da história bíblica.

**Sagrado** – local, objeto ou linguagem reservada para a comunicação com o transcendente; algo relativo ou inerente a Deus, a uma divindade, à religião, ao culto ou aos ritos religiosos.

**Ser opositor** – O Diabo, palavra de origem grega usada para traduzir a palavra *Satã*, que, na língua hebraica, expressa o opositor de Deus e do ser humano, a personificação do mal.

**Símbolo** – algo que representa e faz lembrar outra coisa, como, por exemplo: um coração faz lembrar o amor, a água faz lembrar a possibilidade de vida de todos os seres etc. Os símbolos religiosos representam as crenças e os ensinamentos de cada tradição religiosa, como a luz, que lembra a existência e a presença de Deus ou o círculo que lembra a imortalidade.

**Tabu** – algo proibido ou reservado, que não é acessível a todos, por motivos religiosos ou culturais. A proibição se fundamenta na ameaça e no temor de que, se for violada, pode desencadear forças vingadoras ou maléficas.

**Torá** – principal escrito sagrado da tradição religiosa judaica. Compõe-se dos cinco primeiros livros da Bíblia: Gênesis, Êxodo, Levítico, Números e Deuteronômio.

**Tradição oral** – crenças e ensinamentos de um povo que são comunicados de uma geração para outra por meio de mitos, histórias, sagas, lendas, ritos, símbolos e gestos, e que formam sua cultura e identidade. Em geral, tem um conteúdo religioso.

**Tradições religiosas escritas** – tradições que possuem escritos sagrados.

**Tradições religiosas orais** – tradição, costumes e ritos dos povos que não possuem escritos sagrados e mantêm sua identidade pela tradição oral. São as formas mais antigas de tradição religiosa, mas existem até hoje em muitas regiões do mundo.

**Transcendência** – é o fato de transcender, de ser transcendente. Por exemplo: Deus é transcendente em relação ao ser humano e ao mundo. Natureza ou atributo dos seres transcendentes (divindades), ou capacidade de transcender e de comunicar-se com o transcendente (seres humanos).

**Transcendente** – algo que transcende, isto é, que está além das realidades deste mundo. A palavra "transcendente", de modo geral, é usada em relação ao mundo dos mistérios e das crenças religiosas, ou seja, da existência de seres e realidades que a capacidade humana não consegue apreender plenamente apenas pela razão.

**Xamã** – espécie de sacerdote das tradições religiosas orais, a quem se atribui a função e o poder de recorrer a forças ou entidades sobrenaturais para realizar, através de rituais, curas, adivinhação, exorcismo, encantamentos. Atua como intermediário e intercessor junto aos espíritos, considerados responsáveis pelos acontecimentos bons e maus.

**Zoroastrismo** – doutrina e prática da tradição religiosa de Zoroastro, ou Zaratustra, um médico persa que viveu no século VI a.C. e ensinou que o mundo e a vida humana são uma luta entre o bem e o mal. Se o ser humano se deixar conduzir pelo bem, terá a ressurreição e a eternidade feliz. Caso contrário, será condenado ao sofrimento para sempre. O Zoroastrismo hoje é muito pouco representado. Sua terra de origem, a Pérsia, hoje Irã, converteu-se ao Islamismo.

# Sumário